T0194791

essentials

essentials liefern aktuelles Wissen in konzentrierter Form. Die Essenz dessen, worauf es als „State-of-the-Art" in der gegenwärtigen Fachdiskussion oder in der Praxis ankommt. *essentials* informieren schnell, unkompliziert und verständlich

- als Einführung in ein aktuelles Thema aus Ihrem Fachgebiet
- als Einstieg in ein für Sie noch unbekanntes Themenfeld
- als Einblick, um zum Thema mitreden zu können

Die Bücher in elektronischer und gedruckter Form bringen das Expertenwissen von Springer-Fachautoren kompakt zur Darstellung. Sie sind besonders für die Nutzung als eBook auf Tablet-PCs, eBook-Readern und Smartphones geeignet. *essentials:* Wissensbausteine aus den Wirtschafts-, Sozial- und Geisteswissenschaften, aus Technik und Naturwissenschaften sowie aus Medizin, Psychologie und Gesundheitsberufen. Von renommierten Autoren aller Springer-Verlagsmarken.

Weitere Bände in der Reihe http://www.springer.com/series/13088

Gabriele Pohl

Die Würde des Kindes ist antastbar

Plädoyer für eine Kindheit ohne Beschämung

Mit einem Geleitwort von Herbert Renz-Polster

 Springer

Gabriele Pohl
Mannheim, Deutschland

ISSN 2197-6708   ISSN 2197-6716   (electronic)
essentials
ISBN 978-3-658-29545-5   ISBN 978-3-658-29546-2   (eBook)
https://doi.org/10.1007/978-3-658-29546-2

Die Deutsche Nationalbibliothek verzeichnet diese Publikation in der Deutschen Nationalbibliografie; detaillierte bibliografische Daten sind im Internet über http://dnb.d-nb.de abrufbar.

© Der/die Herausgeber bzw. der/die Autor(en), exklusiv lizenziert durch Springer Fachmedien Wiesbaden GmbH, ein Teil von Springer Nature 2020
Das Werk einschließlich aller seiner Teile ist urheberrechtlich geschützt. Jede Verwertung, die nicht ausdrücklich vom Urheberrechtsgesetz zugelassen ist, bedarf der vorherigen Zustimmung des Verlags. Das gilt insbesondere für Vervielfältigungen, Bearbeitungen, Übersetzungen, Mikroverfilmungen und die Einspeicherung und Verarbeitung in elektronischen Systemen.
Die Wiedergabe von allgemein beschreibenden Bezeichnungen, Marken, Unternehmensnamen etc. in diesem Werk bedeutet nicht, dass diese frei durch jedermann benutzt werden dürfen. Die Berechtigung zur Benutzung unterliegt, auch ohne gesonderten Hinweis hierzu, den Regeln des Markenrechts. Die Rechte des jeweiligen Zeicheninhabers sind zu beachten.
Der Verlag, die Autoren und die Herausgeber gehen davon aus, dass die Angaben und Informationen in diesem Werk zum Zeitpunkt der Veröffentlichung vollständig und korrekt sind. Weder der Verlag, noch die Autoren oder die Herausgeber übernehmen, ausdrücklich oder implizit, Gewähr für den Inhalt des Werkes, etwaige Fehler oder Äußerungen. Der Verlag bleibt im Hinblick auf geografische Zuordnungen und Gebietsbezeichnungen in veröffentlichten Karten und Institutionsadressen neutral.

Planung/Lektorat: Eva Brechtel-Wahl
Springer ist ein Imprint der eingetragenen Gesellschaft Springer Fachmedien Wiesbaden GmbH und ist ein Teil von Springer Nature.
Die Anschrift der Gesellschaft ist: Abraham-Lincoln-Str. 46, 65189 Wiesbaden, Germany

Was Sie in diesem *essential* finden können

- Die Kinderrechtskonvention und ihre Folgen daraus
- Kinderrechtsverletzungen im privaten und öffentlichen Bereich
- Was meint Menschenwürde?
- Bedingungen für die freie Entfaltung der Persönlichkeit

In Erinnerung an Farah

Zum Geleit

Die kindliche Entwicklung hat kein festes Ziel. Denn welche Welt die Kinder einmal erwartet, ist ungewiss – wir Menschen verändern nun einmal beständig die Welt. Das kindliche Entwicklungsziel könnte also so beschrieben werden: Unsere Kinder sollen fähig werden, das Neuland zu besiedeln, das sie erwartet. Die Siedler werden dort das Beste aus dem Vorgefundenen machen müssen, und sie werden darin auch Verantwortung für andere Menschen übernehmen – ob sie es wollen oder nicht, ob es ihnen bewusst ist oder nicht. Gut, wenn Kinder aus der Kindheit das entsprechende Rüstzeug mitbringen: Mut, Selbstbewusstsein und die Fähigkeit mit sich und den anderen klar zu kommen.

Immer deutlicher wird, wie sehr Beschämung dem Aufbau dieses Schatzes in die Quere kommt. Menschen, die auf ihrem Lebensweg beständig erfahren, dass sie nicht genügen und dass sie eigentlich anders sein sollten können sich selber nicht trauen. Sie tragen ein lähmendes Gift in sich – das Gefühl, nicht in Ordnung zu sein, nicht dazuzugehören, nicht berechtigt zu sein, nicht wertvoll zu sein.

Dieses kurze Buch skizziert die Entgiftungstherapie: wie wir Kindern begegnen können, damit sie sich ganz fühlen können und sich selbst vertrauen können. Und wie Einrichtungen aussehen können, bei denen dieses Wachstum des Kindes im Vordergrund steht.

Dass es niemand anders als Gabriele Pohl geschrieben hat ist kein Zufall, denn ich kenne niemanden, die sich pragmatischer, kraftvoller und offener mit der Unterstützung beschämter Kinder auseinandersetzt als sie. Mögen viele Leserinnen und Leser sich inspirieren lassen!

Januar 2020   Dr. Herbert Renz-Polster

Inhaltsverzeichnis

1   Einleitung: Kinderrecht ist Menschenrecht   1

2   Ein kalter Wind fegt durch das Land   3

3   Die schwarze Pädagogik des 21. Jahrhunderts   7

4   Gewalt in der Familie   9

5   Seelische Gewalt in den Institutionen   13

6   Gewalt in den Medien   19

7   Machtmissbrauch in der Schule   23

8   Der ganz alltägliche Missbrauch   31

9   Die Hilflosigkeit der Eltern   33

10   Was ist Würde?   37

11   Was tut not?   41

12   Schlussbetrachtung   49

Literatur   53

Über die Autorin

Gabriele Pohl, Kaspar Hauser Institut, Friedrich-strasse 10, 68199 Mannheim, e-mail: gabpohl@gmail.com (www.kasparhauserinstitut.de)

Einleitung: Kinderrecht ist Menschenrecht

„Wen nennst du schlecht?- Den, der mich beschämen will.
Was ist das Menschlichste? Jemanden Scham ersparen!"
Friedrich Nietzsche, Die fröhliche Wissenschaft, Aph.273–275

Spott und Häme, Ironie und Sarkasmus, herabsetzen und lächerlich machen, demütigen und ignorieren gab es schon immer als Begleiterscheinung von oder als Mittel zur Erziehung. Heute scheinen diese Phänomene deutlicher hervorzutreten vor allem durch die Medien, die das Privatleben der Menschen zunehmend öffentlich machen. Vielleicht besteht darin aber auch die Chance, dass ein neues Bewusstsein für die verheerenden Auswirkungen, die diese Massnahmen auf die Kinder haben, entsteht.

Das Grundgesetz ist in diesem Jahr 70 Jahre alt geworden.

Artikel 1 besagt:

„Die Würde des Menschen ist unantastbar. Sie zu achten und zu schützen ist Verpflichtung aller staatlichen Gewalt."

Wie nah oder wie weit sind wir von der Erfüllung dieser Forderung im Jahre 2019 entfernt? Denn gilt nicht das, wozu sich der Staat verpflichtet, vor allem auch für den alltäglichen Umgang mit anderen Menschen?

Der folgende Text befasst sich mit der Frage, inwiefern diese Forderungen erfüllt werden können, was Würde bedeutet und wie ernst wir sie nehmen in Bezug auf Fremde, Behinderte, Arme und Kinder.

Kinderrechte sind Menschenrechte. Seit Ende November 2019 liegt nun ein Gesetzesentwurf vor, wie die Kinderechte im Grundgesetz verankert werden sollen. Seit 1998 wacht die Kinderrechtskonvention der UN auf die Einhaltung

© Der/die Herausgeber bzw. der/die Autor(en), exklusiv lizenziert durch
Springer Fachmedien Wiesbaden GmbH, ein Teil von Springer Nature 2020
G. Pohl, *Die Würde des Kindes ist antastbar,* essentials,
https://doi.org/10.1007/978-3-658-29546-2_1

der Kinderrechte, die besagt, dass Kinder unter anderem ein Recht auf Unversehrtheit haben, auf Schutz vor Grausamkeit, Vernachlässigung und Ausbeutung, Recht auf Bildung, aber auch auf Spiel. Was diskutiert wurde im Hinblick auf die Festlegung im Grundgesetz waren: das Informationsrecht (z. B. wer sind die leiblichen Eltern?), das Recht auf Privatsphäre, Beteiligungsrechte. Nicht mehr zur Diskussion stand das Recht auf gewaltfreie Erziehung. (worunter man allerdings landläufig in erster Linie Erziehung ohne körperliche Züchtigung versteht.).

▶   „Jeder hat das Recht auf die freie Entfaltung seiner Persönlichkeit".

Die Persönlichkeit entwickelt sich im Laufe des Lebens eines Menschen und ist von seinen Lebensbedingungen abhängig. Das Recht auf die freie Entfaltung der Persönlichkeit umfasst daher den Anspruch auf den Schutz vor (psychischer) Gewalt und auf gesunde Entwicklungsbedingungen von Anfang an. Menschenrechte für Kinder umzusetzen bedeutet, die besonderen Bedingungen der Kinderzeit hervorzuheben und Rahmenbedingungen für eine optimale Persönlichkeitsentwicklung der Kinder zu schaffen.

Das Kinderrecht soll nun auch im Grundgesetz verankert werden. Es ist also höchste Zeit, sich damit auseinanderzusetzen, was das Kind für die freie Entfaltung seiner Persönlichkeit braucht und welche Rolle dabei die gewaltfreie Erziehung spielt.

Ein kalter Wind fegt durch das Land 2

Die Ausländerfeindlichkeit, der Hass auf Andersdenkende, auf Menschen mit anderer Hautfarbe, Attacken gegen alles, was fremd ist, die Herabsetzung des Schwächeren hat gerade in Deutschland, dem gebrannten Kind, ein Ausmaß erreicht, das nach Beendigung des letzten Krieges nicht für möglich gehalten wurde. Das „Nie wieder" der ersten Stunde scheint verhallt. Der Wutbürger wagt sich immer unverhohlener mit seinen Hasstiraden an die Öffentlichkeit.

Die Häme dessen, der sich überlegen dünkt, kann täglich in den Medien studiert werden, wenn Menschen in sogenannten Reality Shows vorgeführt werden. Sendungen, bei denen der Zuschauer sich überlegen fühlen kann, weil das Bild, das man von den Menschen dort vermittelt bekommt, suggeriert: „so blöd, so dick, so arm, so ungeschickt wie die bin ich nicht", erfreuen sich zunehmender Beliebtheit. Ressentiments werden immer freimütiger geäußert, vor allem in den sozialen Medien, wo anonym gehetzt werden darf.

Je blöder, dicker, ärmer, ungeschickter der Mensch sich selbst fühlt, desto mehr braucht er die, auf die er dennoch herabsehen kann. Die eigene Scham wird abgewehrt durch das Verächtlichmachen, Herabwürdigen, Ausstoßen des Anderen. Durch Verachtung werden eigene Schamgefühle unbewusst auf andere projiziert und abreagiert, indem diese herabwürdigt, verspottet, ausgeschlossen werden.

Die Nachkriegsgeneration bekam die Auswirkungen der seelischen Versehrtheit ihrer Eltern, die ihre Jugendträume begraben mussten und aufs Härteste mit ihren Irrungen und Wirrungen konfrontiert wurden, deutlich zu spüren. Von Größenphantasien und Idealisierungen der sogenannten Herrenrasse war nur ein Schutthaufen geblieben und so konnte aus Abwehr der Scham und dem Bedürfnis nach Wiederherstellung der Selbstachtung die schwarze und kalte Pädagogik mit

© Der/die Herausgeber bzw. der/die Autor(en), exklusiv lizenziert durch Springer Fachmedien Wiesbaden GmbH, ein Teil von Springer Nature 2020
G. Pohl, *Die Würde des Kindes ist antastbar*, essentials, https://doi.org/10.1007/978-3-658-29546-2_2

ihren Erniedrigungen, Züchtigungen und verächtlichem Ignorieren der schutzlosen Jugend ungebrochen, unhinterfragt weitergeführt werden.

Wer aus meiner Generation der 1950er Jahre erinnert sich nicht an Schläge, an tagelanges Schweigen des Vaters, weil man sich „versündigt" hatte, an Lehrer und Lehrerinnen, die einen genüsslich dann an die Tafel riefen, wenn sie sicher waren, dass man – mal wieder – versagen würde? In der Ecke stehen, Stockschläge auf die Fingerspitzen, Kopfnüsse, aus- und einsperren, Demütigungen vor der Klasse waren gang und gäbe.

Wenn Menschen nach ihren eigenen Erfahrungen oder Erlebnisse in Bezug auf Beschämung befragt würden, könnte wohl kaum jemand gefunden werden, der nicht zumindest schon Zeuge von Beschämung geworden ist oder sie gar selbst erleben musste.

Es läge nahe, dass die so Gedemütigten und Beschämten ihr Selbstwertgefühl auf die gleiche Weise wie ihre Eltern versuchten aufzubauen. („Mir hat es auch nicht geschadet!") Es ist Eltern hoch anzurechnen, in welcher Weise sich die meisten heute bemühen, ihren Kindern Respekt zu erweisen, sie als Individualität sehen zu wollen und zu behandeln.

Jeder und jede, der oder die eigene Kinder hat oder in Kontakt mit Eltern und Kindern steht, weiß, wie schnell Eltern in das Fahrwasser geraten können, es den Beschämenden gleich zu tun. Der einzige Schutz davor ist, sich seiner eigenen Scham zu stellen, um aus diesem Teufelskreis aussteigen zu können.

Die so Beschädigten, Entwerteten erkennen, wie instabil das Selbstwertgefühl ist, wie leicht zu verunsichern sie sind und wie groß die Angst davor ist, das Zepter zu verlieren, die Angst vor Autoritätsverlust. Hinzu kommt die externe moralische Instanz („was sollen denn die Leute denken?").

Wenn der herrschende gesellschaftliche Verhaltenskodex heißt, Kinder haben nicht aufzufallen, brav und leise sein, sollen sich der Erwachsenenwelt anpassen und gehorchen, und wer als Erziehender bei Abweichungen davon Spott, Gesichtsverlust oder gar Ausstoßung aus der Gemeinschaft fürchtet, weil er aus der Sicht der Außenwelt nicht im Stande scheint, die ihm anvertrauten Kinder richtig zu führen, gerät schnell in die Gewaltspirale, aus der er sich befreien wollte.

▶ Wird die Seele eines Kindes beschädigt, hat das gewaltige Auswirkungen: das Resultat ist Angst, ein mangelndes bis zerstörtes Selbstvertrauen, Aggressivität, Schwierigkeit, adäquate soziale Beziehungen aufzubauen.

Schulangst und Schulverweigerung sind oft die Folge, wenn sich die Beschämung vorrangig im Klassenzimmer abspielt. Kinder und Jugendliche leiden dadurch häufig an psychosomatischen Beschwerden wie Kopf- oder Bauchschmerzen, sie haben Schlafstörungen oder nässen nachts ein.

Nicht beachten, lächerlich machen, herabsetzen, vorführen sind seelische Misshandlungen, denen ein großer Teil der Kinder ausgesetzt ist. Sie lassen Kinder verstummen, bringen sie zum Weinen, verstören sie, machen sie störrisch und aggressiv.

Aggression oder Rückzug – beides sind Verhaltensweisen, die auf Verletzung durch Beschämung verweisen. Wer sich nicht selbst wertschätzt, weil er selbst mittels Beschämung erzogen wurde, verfällt unter Umständen in die gleichen Verhaltensmuster, unter der er gelitten hat. Die erlittene Demütigung macht den Betreffenden hilflos, er fühlt sich der Situation ausgeliefert und möchte „am liebsten im Boden versinken".

Das beschädigt nicht nur die Seele des einzelnen Kindes, das die Beschämung erleidet, es wirkt sich auch ausgesprochen negativ auf die aus, die Zeugen der Beschämung werden. Sie schlagen sich, meist aus Angst, in dieselbe Situation zu geraten, auf die Seite des Aggressors. Und die Aggressoren fühlen sich bestärkt, weil solche Verhaltensweisen Wirksamkeit zeigen und der Angreifende sich mächtig fühlen kann.

Lachen auf Kosten von anderen erhöhen den Lacher scheinbar, die Angst davor, selber zum Opfer einer Kränkung zu werden, lässt nicht zu, sich auf die Seite der Beschämten zu schlagen. Wir werden das noch sehen, wenn es um das Thema Mobbing geht.

Die schwarze Pädagogik des 21. Jahrhunderts

3

Kinder zu schlagen ist verboten, weder dürfen das Eltern noch Lehrende oder Erziehende. Die Kinderrechtskonvention forderte das Recht auf gewaltfreie Erziehung 1989 ein. Weit weniger im Bewusstsein ist, dass gewaltfreie Erziehung auch entwürdigende Maßnahmen und seelische Verletzungen miteinschließt.

Tatsächlich belegen Zahlen, dass die körperliche Gewaltanwendung sowohl in den Familien als auch in den Institutionen deutlich abgenommen hat. Ein Klaps auf den Hintern oder eine Ohrfeige wird „nur" noch von ca. 10 % aller Eltern in Deutschland als Erziehungsmittel eingesetzt. In Frankreich und in der Schweiz ist man da weniger zimperlich. Erst vor ein paar Monaten wurde das Schlagen von Kindern in Frankreich gesetzlich verboten, Schweizer Kinder darf man immer noch ungestraft ohrfeigen. Nach einer Studie der Zürcher Hochschule für Angewandte Wissenschaften (ZHAW) und der Haute Ecole de Travail Social (HETS) Fribourg vom Juli 2018 haben rund zwei Drittel aller Jugendlichen elterliche Gewalt in der Erziehung erlebt. Allerdings gibt es auch dort eine große Initiative, die das Recht auf Unversehrtheit gesetzlich verankern will.

Alles in Allem bewegt sich etwas. Das Bewusstsein erwacht dafür, dass die Integrität der Kinder nicht durch Schläge verletzt werden darf.

Nur: Wenn andere, subtilere Erziehungsmaßnahmen, die seelische Verletzungen verursachen, eingesetzt werden, sind wir damit wirklich einen Schritt weiter in unseren Erziehungsmethoden? Diese werden oft nicht mal als seelische Gewalt gewertet, beispielsweise wenn ein Kind nach einem Streit ignoriert, angeschwiegen oder isoliert wird. Nach wie vor ist es üblich, ein Kind auf sein Zimmer zu schicken, wenn es nicht gehorcht, auch schon Zweijährige werden auf diese Weise bestraft. Ausgrenzung aus der Gemeinschaft verletzt das Kind und bedeutet gleichzeitig Liebesentzug. („Geh auf dein Zimmer! Dich will ich jetzt erst mal nicht mehr sehen, bis du zu dich wieder benimmst.").

© Der/die Herausgeber bzw. der/die Autor(en), exklusiv lizenziert durch Springer Fachmedien Wiesbaden GmbH, ein Teil von Springer Nature 2020
G. Pohl, *Die Würde des Kindes ist antastbar,* essentials, https://doi.org/10.1007/978-3-658-29546-2_3

Gewalt in der Familie 4

In aller Regel wollen Eltern ihren Kindern nicht bewusst Schaden zufügen und sie aus Sadismus herabwürdigen. (Allerdings weiß Heike Jockisch, Leiterin des SOS-Kinderdorfs Kaiserslautern: Im Jahr 2018 wurde alle 13 min ein Kind in Not aus seiner Familie genommen. Rund 181.000 Kinder und Jugendliche leben in einer Pflegefamilie, einem Heim oder einer anderen betreuten Wohnform.).

Dennoch: die meisten Eltern meinen es gut mit ihren Kindern. Ihr Handeln resultiert oft aus der Angst davor, dass ihre Kinder zu „Tyrannen" werden, wie seit einiger Zeit von sogenannten Fachleuten gewarnt wird. (siehe: M. Winterhoff).

Sie fürchten, dass ihre Kinder nicht mehr zu bändigen sind, handeln oft wider besseres Wissen oder gegen ihr eigenes Gefühl, weil ihnen suggeriert wird, dass Disziplin und Strenge die einzigen Wege sind, um aus scheinbar unbändigen Kinder brave Familienmitglieder und Staatsbürger zu machen.

Ja, der Wind in der Erziehungslandschaft hat sich seit einiger Zeit mal wieder gedreht. Von der freien Erziehung der siebziger Jahre geht der Ruf nun wieder nach Disziplin und Gehorsam. Und das ist nicht die Schuld der Eltern.

Ende der siebziger Jahre wollte man den Kindern größtmögliche Freiheit gewähren, sich wenig in ihren Alltag einmischen und glaubte, die Verantwortung für deren Leben weitgehend an die Kinder abgeben zu können. Dass das mancherorts Auswüchse hatte, die sich eher verunsichernd auf die Kinder ausgewirkt haben, ist nicht zu leugnen. Allerdings war die Einsicht, dass Kinder nicht zurecht zu (er-)ziehen sind, sondern eigenständige Wesen sind, in Entwicklung begriffen, deren Selbstentfaltung man fördern möchte, ein gewaltiger Fortschritt.

Eltern werden heute einem enormen Druck ausgesetzt, einerseits, weil sie selbst im Erwerbsleben „funktionieren" sollen und dass meist nicht nur acht Stunden am Tag, sondern auch darüber hinaus, gleichzeitig sollen sie ihre Kinder

© Der/die Herausgeber bzw. der/die Autor(en), exklusiv lizenziert durch
Springer Fachmedien Wiesbaden GmbH, ein Teil von Springer Nature 2020
G. Pohl, *Die Würde des Kindes ist antastbar*, essentials,
https://doi.org/10.1007/978-3-658-29546-2_4

erziehen, so, dass sie in der Gesellschaft ebenso funktionieren. Wenn ein Kind aus dem (von den jeweiligen Erwachsenen vorgegebenen) Rahmen fällt, ist man schnell bei der Hand, die Eltern in die Pflicht zu nehmen, bis dahin, dass vorschnell Diagnosen vergeben werden, und allzu häufig versucht wird, durch Medikamente die störenden Symptome zu beseitigen. 10 % aller Kinder werden als behandlungsbedürftig eingestuft und die meisten von ihnen werden medikamentös behandelt. (Quelle: deutsches Ärzteblatt 2016, S. 183–90.) 10 % der Kinder seelisch krank? Opfer einer falschen Erziehung? Oder handelt es sich vielmehr um eine Fehleinschätzung der Gesellschaft, was kindgemäßes Verhalten ist? Wen wundert es, wenn Eltern dann zu Maßnahmen greifen, die ihnen als erfolgversprechend suggeriert werden.

Führt der Weg der Erziehung wirklich wieder in die Gegenrichtung? Glücklicherweise kann man das nicht generalisieren, die meisten Eltern bemühen sich um ein liebevolles Miteinander und sind bestrebt, ihren Kindern bestmögliche Entwicklungsbedingungen zu schaffen. Wenn es aber mal schwierig wird mit der Erziehung, weil das Kind trotzig ist, einfach nicht tun, was man von ihm will, auffällig wird im Kindergarten, in der Schule? Dann fragt man die Fachleute und bekommt manch seltsame Empfehlung.

Schauen wir uns doch mal die gängigen Praktiken an, die häufig von PädagogInnen und TherapeutInnen empfohlen werden.

Gewisse heutige empfohlene Erziehungsmethoden, die zu Hause praktiziert werden sind aus einer simplifizierten Form der Verhaltenstherapie entnommen. Was sollen Eltern tun, wenn es Schwierigkeiten in der Erziehung gibt? Die Empfehlungen heissen dann: Verstärkerpläne aufstellen, Smileys verteilen bei gutem Benehmen oder Smarties, Listen an der Küchentür für schwarze Tage, an denen das Kind ins Bett gemacht hat und gelbe, wenn das nicht der Fall war. Belohnungssysteme einführen.: 10 Mal nicht ins Bett gepieselt, ergibt einmal Kino als Belohnung. Fünf Mal freche Antworten gegeben, ergeben fünf traurige Smileys und ein Mal Fernsehverbot.

Das Kind wird bloßgestellt in seinem Unvermögen, die Norm zu erfüllen, es wird konditioniert zu Wohlverhalten und im schlimmsten Fall wird die Beziehung zwischen Eltern und Kind beschädigt.

Es ist immer ein Balanceakt, den Erwachsene vollführen, wenn sie Kinder erziehen: wo müssen dem Kind Grenzen aufgezeigt werden, wo braucht es fürsorgliche Begleitung und Unterstützung und wann ein klares Wort? Altersabhängig muss ohnehin unterschiedlich gehandelt werden. Sicher ist, dass ein Kind garantiert keinen sinnvollen Zusammenhang zwischen Bettnässen und verbotenem Kinobesuch herstellen kann.

Aber die genannten Maßnahmen sind harmlos gegen manche andere Empfehlung:

Unter kidhacking findet man im Internet (papa-online.com) ganz ausgeklügelte Systeme, die jede, wirklich jede Handlung des Kindes, vom Zähneputzen, Pipi machen, Teller abräumen, ohne Jammern laufen, selbst anziehen usw. mit Coins belohnen, die wiederum sind dann auszutauschen gegen: eine Serie gucken (4 Coins) einen ganzen Film schauen (10 Coins), praktiziert bei einem dreijährigen und einem fünfjährigen Kind! Auf Pump Vergünstigungen kaufen, soll man besser lassen, rät der Autor, „die Kinder rutschen sonst voll in die Schuldenfalle". Mit diesem System können sich die Kinder Belohnungen „freischalten".

„Damit hast du ein wunderbares Werkzeug, um deine Kinder liebevoll zu formen.!"

Kinder sollen Wachs in der Hand des Erwachsenen sein? Ist es das, was sich Eltern wünschen? Wohl kaum. Selbst, wenn sie sich ihre Kinder manchmal etwas wenig störrisch wünschen.

Geht es nicht vielmehr um den Respekt vor dem Eigenwillen des Kindes?

Bei diesen Verhaltenskonzepten, wie sie oben beschrieben wurden, zieht der Kapitalismus fröhlich in die Kinderstube ein (ich mach nur was, wenn ich was dafür kriege) und Kinder werden zu dem gemacht, was sich der Erwachsene vorstellt: Willige Ausführungsorgane desjenigen, der das Sagen hat- wer immer das im späteren Leben sein wird. Um Freiheit oder Einsicht und Erziehung zur Selbstständigkeit geht es dabei leider nicht.

„Jedes Kind kann schlafen lernen". (Anette Kast- Zahn) Welche Eltern, deren Nerven durch durchwachte Nächte wegen ihres weinenden Kindes strapaziert waren und nach Hilfe suchten, haben dieses Buch nicht gelesen? Mehr als eine Million Eltern haben es jedenfalls seit seinem Erscheinen gekauft. Nach der sogenannten Ferber-Methode soll – wie in dem Buch dargestellt – das Weinen des kleinen Kindes weitgehend ignoriert werden. (das ist zugegebenermaßen eine verkürzte Darstellung der Ratschläge, die darin erteilt werden, letzten Endes läuft es aber darauf hinaus.).

Sein Grundbedürfnis nach menschlicher Nähe wird missachtet, das Kind soll sich selbst beruhigen und zwar schon ab dem Alter von sechs Monaten. Ein radikales Einschlaftraining wird hier propagiert, das viele Eltern, die es ausprobiert haben, als eine Qual für alle Beteiligten bezeichnen. Auch das stellt eine Dressur von Kleinstkindern dar, die die Rechte der Kinder auf Nähe, Fürsorge und liebevolle Zuwendung sträflich missachtet. Eltern, die diese Empfehlungen ausprobiert haben, geht in der Regel spätestens nach vier Wochen die Luft aus.

Erstaunt – und vielleicht auch etwas erleichtert – stellen sie dann fest, dass die schönen Programme zur Konditionierung ihrer Kinder leider so gar nicht funktionieren und versuchen lieber wieder für ein heiteres, ungezwungenes und harmonisches Familienleben zu sorgen, ihrem Herzen zu folgen, das Kind anzunehmen und zu trösten, auch wenn nicht immer alles „wie am Schnürchen" oder so wie anscheinend bei den Nachbarn läuft. Das wirkt dann auch nachhaltig.

Oft scheint das Umfeld Eltern dazu zu bringen, sich nicht solidarisch zu ihren Kindern zu verhalten, sondern sich von ihnen, bzw. von deren Verhalten distanzieren zu müssen. Vater und Mutter wollen ja nicht als Erziehungsversager dastehen. Lieber macht man das Kind zum Sündenbock.

Ein Beispiel: Ein kleiner Junge, dreijährig, wirft sich ausgerechnet in der Schlange an der Kasse brüllend auf den Boden, weil er das gewünschte Eis nicht bekommt. Die Reaktion des Vaters, zu den Umstehenden, kopfschüttelnd: „Der hat mal wieder seine spinnerten fünf Minuten!" Er soll ihm ja nun nicht das Eis kaufen, aber ein bisschen Verständnis für die Übung in Selbstbestimmung, die der Kleine da macht, könnte man schon erwarten. Und das hat der Vater sicher auch – zu Hause, wenn der Rechtfertigungsdruck wegfällt („Können Sie Ihr Kind nicht besser erziehen?" „Können Sie nicht mal dafür sorgen, dass er aufhört?"…).

Bitte nicht falsch verstehen: es geht nicht darum, dass die Kinder einfach machen können, was sie wollen! Eltern haben auch Rechte und Grenzen. Und ein Kind braucht Führung. Aber Belohnung und Bestrafung, und wenn sie noch so nett verpackt sind, sind keine Erziehungsmittel. Besser man sorgt für ein gutes Vorbild und ein positives Familienklima, weil es dann leichter fällt, gut miteinander auszukommen. (Hinweise hierzu sind zu finden in: G. Pohl (2017) Familie- Basislager für Gipfelstürmer).

Seelische Gewalt in den Institutionen

Den Erziehenden und Lehrenden ergeht es in gewisser Weise doch ebenso wie den Eltern. Auch sie stehen unter enormem gesellschaftlichem Druck und das lässt sie zu Mitteln greifen, die ihnen als erprobt und pädagogisch sinnvoll von den Fachleuten vermittelt werden, auch wenn ihr Herz und Verstand etwas anderes sagt.

Der „Stille Stuhl" wird bereits in Kindergärten als Disziplinierungsmaßnahme eingesetzt:

Die Dreijährige, die einen Wutanfall hat, weil sie ihre schönen neuen Gummistiefel nicht ausziehen will, wird auf den „stillen Stuhl" gesetzt, außerhalb der Gruppe, dort soll sie sich besinnen. Erst, wenn sie in der Lage ist mit Schreien aufzuhören und den Anweisungen der Erzieherin Folge zu leisten, darf sie sich wieder zur Gruppe gesellen.

In den Augen von Pädagogen, die eine menschengemäße und dem Kind eine angemessene Erziehung angedeihen lassen wollen, ist das Dressur wie auf dem Hundeplatz. Ohne sogenannte Verstärkerpläne scheint kaum noch eine institutionelle Pädagogik auszukommen. Das gleiche gilt für die Praktiken in der Schule, die oft nicht anderes sind als klassische Konditionierung. Hier ein paar der üblichen Methoden als Beispiele.

Galgenmännchen
Bei jedem störenden Verhalten eines Schülers, einer Schülerin wird das Männchen um einen weiteren Strich vervollkommnet, bis es schließlich am Galgen hängt, was bedeutet, dass die ganze Klasse eine Strafe bekommt: Kollektivstrafe ab der ersten Klasse.

Das *Ampelsystem* wird zum Beispiel folgendermaßen angewandt:

© Der/die Herausgeber bzw. der/die Autor(en), exklusiv lizenziert durch Springer Fachmedien Wiesbaden GmbH, ein Teil von Springer Nature 2020
G. Pohl, *Die Würde des Kindes ist antastbar*, essentials, https://doi.org/10.1007/978-3-658-29546-2_5

Die Kinder, die am meisten auffallen, bekommen an die Wand eine Ampel gehängt, worauf ihr Betragen dokumentiert wird: Bei gutem Betragen ein lächelndes Smiley an die grüne Ampel, bei mäßigem Betragen ein neutrales an die gelbe und bei schlechtem ein trauriges Smiley an die rote. Das gleiche geht auch mit Sonne, Regen und Gewitter als Symbole. Entsprechend wird das Kind dann belohnt oder bestraft.

Die ganze Klasse bekommt also Tag für Tag demonstriert, wie sich die „Störenfriede" verhalten. Ausgrenzung, Sündenböcke, Vergiftung des Klassenklimas sind die Folge. Zudem ist das System bald wirkungslos für die Betroffenen. Belohnung wie Bestrafung demotivieren auf Dauer. Dies konnte in etlichen lernpsychologischen Studien bewiesen werden. (Alfie Kohn zitiert aus „Die Zeit" vom 31.3.2017, Hella Dietz) Es setzt zudem voraus, dass Kinder ihre Eltern oder Erzieher und Lehrerinnen absichtlich ärgern wollen, wenn sie zum Beispiel nicht stillsitzen können oder das mit der Impulskontrolle noch nicht so richtig funktioniert.

Betragensheft

Darin wird – je nach Schweregrad des Fehlverhaltens – täglich oder wöchentlich das Sündenregister des Kindes aufgelistet. Die Folge davon ist, dass der Ärger, den sich das Kind bereits in der Schule eingehandelt hat, nun auch noch zu Hause weitergeht. Eltern fühlen sich dadurch gedrängt, eine Situation, die sie eigentlich nicht beurteilen können, da sie ja außerhalb ihres Radius geschehen ist, zu bewerten, zu verurteilen und Konsequenzen zu ziehen. Das Familienklima ist erst einmal vergiftet.

Der Trainingsraum

Als Disziplinierungsmaßnahme gegen Störungen des Unterrichtes hat sich vor einigen Jahren der sogenannte Trainingsraum etabliert. Der Trainingsraum ist ein eigens eingerichteter Raum für diejenigen Schülerinnen und Schüler, die im Unterricht stören und sich nicht an die geltenden Regeln halten wollen oder können.

> Sie haben beispielsweise Kaugummi gekaut, Papier geworfen, rumgealbert, den Lehrer beschimpft, in die Klasse gerufen, die Hausaufgaben nicht gemacht, mit dem Banknachbarn gesprochen, mit Wasser herumgespritzt, sich geweigert, das Rechenbuch rauszuholen, sich geweigert, abzuschreiben, sich geweigert, die Jacke auszuziehen, laut gesungen, den Lehrer nachgemacht…Nach einer Ermahnung, wenn diese folgenlos bleibt, werden sie in den Trainingsraum geschickt, es heißt dann, sie haben sich für den Trainingsraum „entschieden". Dort müssen sie in sich gehen, damit sollen sie „eigenverantwortliches Denken und Handeln" lernen. Wenn

sie ihr unangemessenes Verhalten eingesehen haben, dürfen sie wieder in die Klasse zurück. Da der Schüler ja „bewusst gegen die Regeln verstossen hat", ist es seine „freie Entscheidung sein Verhalten zu ändern".

Schülerinnen und Schülern, die sich im Trainingsraum verweigern, werden dieselben Fragen wie auch im Klassenraum gestellt. („Bist du bereit, dein Verhalten zu ändern?") Wenn sie immer noch nicht bereit sind mitzuarbeiten – „diese Entscheidung treffen sie selbst" – müssen sie nach Hause gehen. Bei weiteren Vergehen werden die Eltern einbestellt. Manche Schulen gehen sogar so weit, die Polizei einzuschalten, wenn sich ein Schüler, eine Schülerin weigert, die Klasse zu verlassen.

Ist das tatsächlich der Weg, die Eigenverantwortung der Schüler zu fördern? Ist das nicht nur eine moderne Form des „In der Ecke-stehens" früherer Zeiten? Und ebenso beschämend?

Davon abgesehen, dass in keiner Weise nach der Ursache für das störende Verhalten gesucht wird: es könnte ja auch am Lehrenden, am Unterricht oder an einer belastenden häuslichen Situation liegen.

Ich habe in meiner Ausbildung noch vom „pädagogischen Takt" gehört. Wo wäre der bei diesen Methoden noch zu finden? Als Grundlage einer gelingenden Lehrer- Schüler- Beziehung und somit einer gelungenen Pädagogik.

Im bayrischen Bildungs- und Lehrplan findet man folgendes Menschenbild:

▶   „Der Bezugspunkt erzieherischen Denkens und Handeln ist das Kind
     als vollwertige Persönlichkeit. Ein solches Bild vom Kind verlangt von
     Erwachsenen bedingungslose Akzeptanz und Respektierung des Kin-
     des. Seine Person ist uneingeschränkt wertzuschätzen und darf nie-
     mals beschämt werden."

Die meisten Menschen würden dieser Maxime zustimmten, aber der Alltag sieht doch anders aus.

Gewiss rufen die oben beschriebenen Maßnahmen bei Eltern und PädagogInnen, sofern sie sensibel sind, nicht selten großes Unbehagen hervor, praktiziert werden sie dennoch, da sie von TherapeutInnen, ErziehungsberaterInnen, pädagogischen Institutionen und SchulleiterInnen empfohlen werden und auch aus der Not heraus geboren sind.

Denn das alles sind gesellschaftlich anerkannte Formen der Erziehung und kaum jemand würde darin eine Verletzung der Menschenrechte sehen. Und doch zeigen sie meines Erachtens eine Tendenz auf, eine Haltung dem Kind gegenüber, die seine Entfaltungsmöglichkeiten verhindert möchte, die die Individualität des einzelnen missachtet und nichts anderes als einen – unter pädagogischem Vorzeichen verbrämten – Machtmissbrauch darstellt.

Bei Stopp ist Schluss

Hier handelt es sich um ein pädagogisches Konzept, das von dem Psychologen Thomas Grüner entwickelt wurde und große Verbreitung in den Schulen gefunden hat. Glücklicherweise gab es auch massive Kritik daran, allerdings gibt es nach wie vor eine ganze Anzahl von Schulen, die dieses Disziplinierungskonzept umsetzen und damit bei vielen Kindern großes Leid verursachen. Ich möchte nur eine der Regeln rausgreifen, um meine Kritik daran deutlich zu machen.

Es gibt einen sogenannten Klassenrat, der 3–4 Mal im Monat abgehalten wird. Zunächst muss jedes Kind jemanden auswählen, der sich „am schlechtesten an die Regel hält" und jemanden, der sich am besten an die Regel hält. Diese Auswahl erfolgt heimlich, über ein auszufüllendes Kärtchen, Erstklässler müssen ihre Wahl ins Ohr der Lehrerin flüstern. Anschließend wird das anonymisierte Votum ausgewertet und an der Tafel veröffentlicht. Danach werden die Schüler mit ihrem Verhalten konfrontiert, das heißt, der Übeltäter, der am häufigsten gewählt wurde, bekommt den Platz neben dem Lehrer zugewiesen. Danach erhält der die „Chance der Ehrlichkeit". Er kann jetzt selbstkritisch beurteilen, weshalb er wohl von seinen MitschülerInnen auf diesen Platz gewählt wurde. Tut er das bekommt er Beifall, falls nicht, bekommt er keine Gelegenheit, seine Sicht darzustellen. „Entscheidend ist nicht die Einsicht. […] Entscheidend sind die Verhaltenskonsequenzen." so Thomas Grüner. Entweder gilt der Schüler dann als bockig oder er wird eben zu Heuchelei neigen. Belohnungen gibt es auch: das sind „Joker", damit kann man sich Privilegien erwerben, wenn man eine Woche „brav" war, z. B. darf man sich mal auf den Platz des Lehrers setzen (die Jüngeren) oder einmal den Lehrerparkplatz benutzen (die Älteren).

„Unter Erwachsenen ist das Mittel des ritualisierten an den Pranger Stellens Einzelner durch eine geschlossene Gruppe und erzwungener öffentlicher Selbstbezichtigung ein Merkmal repressiver Strukturen wie Diktaturen, Sekten oder der Kirche in ihren dunkleren Zeiten. In freien sozialen Verhältnissen kommen derartige Praktiken nicht vor. Ein Erwachsener hätte die Möglichkeit, sich einer Situation wie der des Klassenrates mit sehr guten Gründen einfach zu verweigern. Das Infame an der Methode ist, dass ein Grundschulkind keine reelle Chance hat, so zu reagieren. Es wird in eine Situation gezwungen, gegen die es sich eigentlich wehren müsste, aber sich nicht wehren kann, weil es zu schwach ist."

Jochen Sautter, Freiburg, Anmerkungen zu „Das mach ich wieder gut!" Offener Brief an die Autoren

Kinder werden so nicht nur zu Wohlverhalten konditioniert, sondern auch zu Duckmäusern und Denunzianten. Sich vorzustellen, dass solche Methoden Angst auslösen, dazu braucht es nicht viel Fantasie. Dass die Angst, die provoziert wird, als Erziehungsmittel eingesetzt wird, wird von den Befürwortern dieser Methode übrigens keineswegs verschwiegen.

Die Missachtung der Lehrenden
Zeichnet sich hier nicht das gleiche Muster ab wie oben beschrieben? Denn wie geht es denn den Lehrern und Lehrerinnen? Sie werden verunglimpft („faule Säcke" laut dem ehemaligen Bundeskanzler Schröder), ihr sozialer Status ist gering. Noch eklatanter ist das bei den ErzieherInnen. Die so wichtige pädagogische Arbeit für die Zukunft der Kinder wird abgewertet, sie stehen unter Dauerstress, weil die meisten Kindergärten chronisch unterbesetzt sind, ständig werden sie mit neuen Verordnungen konfrontiert und fürchten sich vor den Eltern, die schnell bei der Hand sind, bei angeblichen Verfehlungen den Rechtsanwalt zu rufen. Wen wundert es, dass sie, selbst geringgeschätzt und überfordert, nicht selten ihr Engagement verlieren und ihre Frustration an die Kinder weitergeben.

Wir brauchen, bei allem Verständnis für die Nöte der Eltern, Erziehenden und Lehrenden, ein verstärktes Bewusstsein dafür, was Kinder und Jugendliche an einem seelisch gesunden Aufwachsen hindert, was sie einschränkt und ihnen nicht die Hilfe gewährt, die ihnen zusteht.

Woher der kalte Wind der Pädagogik weht und wer den Zeitgeist bestimmt, sehen wir an den Medien. Nicht nur an Büchern mit Titeln wie: „Warum unsere Kinder Tyrannen werden" (M. Winterhoff), sondern auch daran, wie Pädagogik im öffentlichen Raum präsentiert wird. Im Fernsehen werden Eltern und Erziehende durch Sendungen wie die folgenden beeinflußt.

Gewalt in den Medien 6

Die Supernanny Vom Kinderschutzbund jahrelang kritisiert, erfreute sich diese Sendung als Real-Life-Serie sieben Jahre lang bei RTL großer Beliebtheit zur besten Sendezeit. Dort wurden in 145 Folgen schreiende, weinende, verstörte, auch geschlagene Kinder zur Schau gestellt. Überforderte Eltern ebenso. Mag sein, sie bekamen den einen oder anderen hilfreichen Erziehungsratschlag, sicher ist, dass diese Familien vorgeführt wurden in ihren chaotischen Wohnungen, in ihrer scheinbaren Unfähigkeit, die Situationen zu meistern, in extremen Situationen, die sicher nicht die komplette Realität ihres Alltages wiedergaben. Gezeigt bekamen sie von der Pädagogin Erziehungstipps wie „Die stille Treppe". (vergleichbar mit dem „stillen Stuhl" s. o.) Die Dramaturgie der Sendung war simpel: Zuerst wurden alle Szenen gezeigt, in denen man das schwierige Verhalten der Kinder sehen konnte (oftmals wurde eine extreme Reaktion der Eltern provoziert, damit die Sendung auch spannend blieb) und wo die vermeintliche Unfähigkeit der Eltern demonstriert wurde und am Ende – nach den Interventionen der Pädagogin – die glückliche Familie mit braven Kindern. Kein Hinweis auf systemische Aspekte (das Verhalten des einen bedingt das Verhalten des anderen), keine Möglichkeit, die Situation aus der Sicht des Kindes zu verstehen. Hartes Durchgreifen war angesagt. Eine Nachbetreuung der Familie war nicht vorgesehen.

Frau Saalfrank, die „Supernanny", bekam 2007 den deutschen Fernsehpreis als bester TV-Coach. Glücklicherweise distanzierte sich die Pädagogin – wenn auch lange nach Ausstrahlung der letzten Sendung – von diesen Erziehungsmethoden. Es spricht für sie, dass sie sich und ihre Methoden anschließend selbstkritisch hinterfragt und sich der Kritik von außen gestellt hat. Allerdings waren da bereits verheerende Erziehungsideale in deutsche Wohnzimmer eingedrungen.

© Der/die Herausgeber bzw. der/die Autor(en), exklusiv lizenziert durch
Springer Fachmedien Wiesbaden GmbH, ein Teil von Springer Nature 2020
G. Pohl, *Die Würde des Kindes ist antastbar*, essentials,
https://doi.org/10.1007/978-3-658-29546-2_6

Wer das Ausmaß dessen, was die pädagogische und therapeutische Landschaft an menschenrechtsverletzenden Praktiken zu bieten hat, nicht wahrhaben will, der möge sich einmal Folgendes zumuten:

Elternschule Was ich als menschenunwürdige Haltung Kindern gegenüber empfinde, will ich an dem Dokumentarfilm „Elternschule" verdeutlichen. Er hat mich nachhaltig erschüttert und war der Anlass, mich überhaupt diesem Thema genauer zuzuwenden.

Gezeigt wird eine Gelsenkirchener psychosomatische Klinik, die es sich zur Aufgabe gemacht hat, verzweifelten Eltern zu helfen, die mit ihrem Latein am Ende sind, weil deren Kinder nicht schlafen wollen, nicht essen, aggressiv sind oder auf andere Weise aus dem Rahmen fallen. Der Film, der die Art und Weise zeigt, wie dabei vorgegangen wird, wurde von der Presse hochgelobt: „Ein Muss für alle Eltern". Therapeuten wurden von der Presse zu „Kinderflüsterern" hochstilisiert.

In dieser Klinik werden Babys und kleine Kinder nach einer Methode behandelt, deren besonderes Charakteristikum „gezielte Interventionen zur Stress-Induktion" sind. Durch eine „Konfrontation bis an die Grenze der Belastbarkeit" würde eine „deutliche Verbesserung der Stressbewältigungsstrategien des Kindes erreicht."

Das heißt, Säuglinge und Kleinkinder sollen gezielt Stress ausgesetzt werden. Dazu gehört die bewusste Trennung der Kinder von ihren Müttern – die Kinder sollen dadurch lernen, besser mit chronischem Stress umzugehen. Das erfolgt nicht etwa durch eine Art Eingewöhnung, wie sie in Kitas üblich ist, sondern abrupt und ohne Trost. Selbst tägliche ärztliche Untersuchungen werden nach Angaben der Abteilungsleiter zur Stressinduktion eingesetzt – ob die Untersuchungen nun medizinisch nötig sind oder nicht. In dem Film werden Untersuchungsszenen gezeigt, in denen die Mutter sich von ihrem Kind entfernen muss, je mehr das Kind bei der Untersuchung weint.

Schon Babys, die schlecht einschlafen und, nach Auffassung der dortigen Therapeuten, eine „Schlafstörung" haben, werden zur Nacht in Klinik-Gitterbetten verfrachtet in einen stockdunklen Raum. Dort werden sie sich selbst überlassen und ihrem Kummer. Manche Mütter stehen dann weinend vor der Tür. Per Video werden die Kinder überwacht, Hilfe erfolgt nur, falls nach Ansicht der Therapeuten eine Gefahr besteht, etwa wenn das Kind sich in seinem Bettzeug verheddert.

Um die Trennung von der Mutter zu üben werden kleinste Kinder in einen Raum (die „Mäuseburg") verbracht, die Mütter müssen selbstverständlich draußen bleiben, eine Aufsichtsperson sitzt zwar im Zimmer, ist aber völlig unbeteiligt und ignoriert die weinenden Kinder. (Was ist verletzender als jemand, der sich einem nicht liebevoll annimmt, wenn man unglücklich ist und einen stattdessen mit Nichtbeachtung straft?) Wir sprechen hier von Säuglingen bis zu Kindergartenkindern! Zum Teil ohnehin schon traumatisierte Kinder.

Das Personal habe ich im Film nicht ein Mal sich in einer liebevollen Geste dem Kind zuwendend gesehen, im Gegenteil wurden nur scheinbar emotionslose Gesichter von Erwachsenen gezeigt, die die Kinder, ohne mit ihnen in irgendeiner Weise beruhigend zu kommunizieren, geschweige denn sie liebevoll zu trösten, zu einer Handlung genötigt haben. Wahrscheinlich kann man in einem solchen Zusammenhang nur arbeiten, wenn man sich jede Emotion verbietet.

Kinder, die in höchster Not sind, werden als „manipulativ" bezeichnet. Wenn Eltern auf ihre Kinder eingehen, sind sie „erpressbar"?

Dürfen Journalisten geplagte Kinder als „durchgeknallte Heulsusen" bezeichnen, die ihre Eltern „mit ihren Kullertränen erpressen – wie es ein Kommentator im Deutschlandfunk tat?"

Sinnvoller, nachhaltiger und humaner wäre es, verzweifelten Eltern gute kind- und familiengerechte Möglichkeiten aufzuzeigen, wie sie gemeinsam besser klarkommen, überhaupt das Familiensystem in den Blick zu nehmen, die Bedürfnisse der ganzen Familie zu sehen und dort Unterstützung zu geben, nach familiärer Begleitung im weiteren Verlauf zu sorgen. Die Not der Eltern bräuchte doch ebenso Unterstützung. Die oft tatsächlich verfahrenen Situationen in den Familie sind sicher nicht in einem dreiwöchigen Programm zu lösen!

Trotz aller Kritik und Empörung vonseiten des Kinderschutzbundes wurde der Film kommentarlos im Fernsehen gezeigt und damit den Eltern suggeriert: so müsst ihr es machen, wenn eure Kinder keine „kleinen Tyrannen" werden sollen.

„Gelobt sei, was hart macht!" War das nicht die Devise von Frau Haarer, die mit ihrem Erziehungsratgeber eine ganze Generation beeinflußt hat? Schwarze Pädagogik, die eine zuverlässige Bindung eher verhindert als fördert, kann nicht die Methode sein, die aus Kindern glückliche, autonome und selbstbewußte Menschen macht.

Wir wissen doch längst aus der Bindungstheorie, dass Trennungsängste niemals durch gewaltsame Trennung verschwinden. Nur durch eine starke und sichere Bindung wird dem Kind allmählich Loslösung möglich. Sollten Sie sich den Film zumuten, beachten Sie die leeren Blicke derjenigen Kinder, die am Ende „erfolgreich" das Training absolviert haben. Diese Kinder wirken auf mich resigniert, gebrochen.

Was passiert mit Kindern, deren Entwicklung durch herabwürdigende Maßnahmen behindert wurde? Sie werden nicht selten zurückschlagen, sich an scheinbar Schwächeren rächen für das, was ihnen zugefügt wurde. Wir können das sehr gut studieren am Thema Mobbing, das zunehmend die pädagogische Landschaft belastet und verseucht wie ein schleichendes Umweltgift.

Machtmissbrauch in der Schule 7

Mobbing

Mobbing läuft meist verdeckt ab. Kinder und Jugendliche erleiden Schikanen, die sich über einen längeren Zeitraum hinziehen, systematische Quälereien sind an der Tagesordnung. Sie werden belästigt, ausgegrenzt, ignoriert, angepöbelt, rumgeschubst, lächerlich gemacht, es werden Gerüchte über sie verbreitet, sie werden geschlagen, getreten, ihnen werden Sachen weggenommen oder zerstört, sie werden verleumdet, erpresst.

Dauerhafte Übergriffe werden zur Alltäglichkeit, Wertehaltungen verschwinden zunehmend. Oft macht sich der oder die Lehrende zum Teil dieses destruktiven Systems, indem unbewusst die Täter in Schutz genommen werden.

© Der/die Herausgeber bzw. der/die Autor(en), exklusiv lizenziert durch 23
Springer Fachmedien Wiesbaden GmbH, ein Teil von Springer Nature 2020
G. Pohl, *Die Würde des Kindes ist antastbar,* essentials,
https://doi.org/10.1007/978-3-658-29546-2_7

(„Der benimmt sich ja auch wirklich so, dass man die anderen verstehen kann!") Die Mitläufer wissen nur allzu genau, dass auch sie jederzeit zu Opfern werden können, deshalb halten sie still. Und benehmen sich so, wie es die Norm des Mobbenden verlangt. Der Anpassungsdruck ist hoch!

Mobbing behindert die Lernmöglichkeiten, macht auch Unbeteiligten Angst, beschädigt die Wertehaltungen in der Klasse und zerstört Klassengemeinschaften. Ziel ist die Demütigung des Opfers, der Mobbende gewinnt Macht, das Leiden des Opfers führt nicht zum Einhalten. Das Opfer ist in der Regel isoliert. Mobbende entschuldigen im Nachhinein ihr Verhalten durch Schwächen und Fehler ihrer Opfer, sie wissen aber, dass auf Schwächen unterschiedlich reagiert werden kann. Mobbing geschieht nicht aus Versehen, sondern ist eine systematische Form von Gewaltanwendung. Beim Mobbing fühlen sich die Opfer hilflos; sie halten sich oft für selbst schuld an der Situation; sie haben Angst, das Problem zu verstärken, wenn sie „petzen". Selten deckt das Opfer die Mobbing Situation selbst auf. Entweder gibt es auf, verweigert die Schule oder wechselt sie. Grundsätzlich kann jedes Kind zum Opfer werden, aber nicht jedes Kind mobbt.

Wer wird Täter?

Es handelt sich meist um labile, unsichere Kinder mit mangelndem Selbstwertgefühl. Sie haben oft nur unzureichende emotionale Sicherheit erlebt und sind selbst Opfer häuslicher Gewalt und Beschämung. (siehe auch: W. Kindler (2009). Schnelles Eingreifen bei Mobbing: Mühlheim a. d. Ruhr) Sie reinszenieren ihre Gefühle nach altem Muster, leicht fühlen sie sich durch ihr Gegenüber infrage gestellt (was guckst du so blöd?) und reagieren darauf mit Gewalt.

Insofern sind sie selbst auch Opfer und es wäre wichtig, deren Bedürftigkeit zu erkennen. Sie sind insbesondere auf Beziehung angewiesen ohne Machtstrukturen, auf Sicherheit.

Jugendliche üben Gewalt aus, weil sie keine Fähigkeit zur Selbstwahrnehmung haben und keine Empathie. Die wurde ihnen ausgetrieben durch die Art und Weise wie mit ihnen selbst umgegangen wurde. Sie empfinden oft eine innere Leere. Die eigene Schwäche wird nach außen auf das Opfer projiziert: Wenn ich einen anderen demütige, kann ich mich für eine Weile mächtig fühlen. Was für ein Teufelskreis!

Gewiss, Hänseleien und auch Quälereien gab es schon immer unter Kindern und Jugendlichen. Allerdings sprechen wir – laut einer Untersuchung der Bertelsmannstiftung 2019 von immerhin 65 % der Kinder, die schon einmal Demütigungen erlebt haben. Und man bekommt den Eindruck, dass die Art des Umgangs miteinander härter geworden ist, brutaler. Zumal die Mittel der Demütigungen vielfältiger und nachhaltiger werden. Einmal im Netz gepostet, ist die Demütigung nicht mehr zu löschen.

Cybermobbing
Ob auf Instagram, Facebook oder per WhatsApp, mehr als ein Drittel aller Schüler und Schülerinnen war schon einmal betroffen von Demütigungen, die über die sozialen Netzwerke verbreitet werden, laut der JIM- Studie 2018. Die Tendenz ist steigend. Die Anonymität durch die sozialen Medien senkt die Hemmschwelle. (Online Social Disinhibition).

Es fällt den Mobbenden schwerer, ihre Impulse zu zügeln, da die soziale Kontrolle wegfällt. Sie trauen sich Dinge zu äußern, die sie sich nie in einer face-to-face- Situation wagen würden auszusprechen. So aber können sie sich hinter einem Pseudonym verstecken.

Kinder und Jugendliche trauen sich nicht mehr offline zu sein, damit sie nicht verpassen, gegen wen gerade gehetzt wird und ob sie wohl das nächste Opfer sind – auch und gerade dann, wenn sie nicht auf der „richtigen" Seite mitmischen. Jugendliche, deren entwürdigende Fotos mit entsprechenden Kommentaren im Netz stehen, sind gebrandmarkt. Die Fotos werden auf dem Schulhof weitergereicht und selbst ein Schulwechsel ist meist keine Garantie dafür, dass die Demütigungen aufhören. Die Netzwerke sind weit gespannt.

Mobbing von Seite der Lehrenden

▶ Nicht nur müssen Mobbingopfer erleben, dass sich Lehrende auf Seiten der Mobbenden schlagen, oft sind auch Lehrende diejenigen, die mobben.

Ein Kind kommt nach einwöchigem Kranksein wieder zur Schule. Die Reaktion des Lehrers: „Da bist du ja wieder. Schade, es war so ruhig ohne dich. Ich hatte gehofft, du hast die Schule gewechselt."

Ein Zwölfjähriger weint, weil er von einer Mitschülerin belästigt und gehänselt wird. Die Reaktion des Lehrers (in süßlichem Tonfall): „Ach, der Bubi, da muss er jetzt aber weinen, der Kleine!". Als der gedemütigte Junge mit „Halt's Maul" antwortet, bekommt er einen Schulverweis. Das Verhalten des Lehrers wird nicht hinterfragt.

Respekt kann nicht eingefordert werden, wenn der Erwachsene sich respektlos dem Kind gegenüber verhält.

Ein Mädchen mit etwas Übergewicht wird wiederholt vom Lehrer gedemütigt mit Bemerkungen wie: „Kriegst du jetzt endlich mal deine dicken Hintern hoch und kommst nach vorne!"
Das sind Situationen, von denen mir allein in den letzten beiden Monaten berichtet wurde.

Beschämung im Sportunterricht

„Am schlimmsten sind die Sportstunden, vor allem, weil am Ende immer Völkerball gespielt wird. Da dürfen die zwei Besten ihre Mannschaften zusammenstellen. Es wird nacheinander gewählt und ich bleibe immer als letzte übrig. Ich bin sowieso unbeliebt und dann auch noch zu langsam. Wenn ich dann mal wieder übrig geblieben bin, lachen die anderen. Das ist so gemein! Ich hasse Sport!" (Aussage eines 12jährigen Mädchens)

Gerade für Jugendliche, die auf der Suche nach ihrer Identität sind, ist die körperliche Identität in hohem Maße wichtig und dort sind sie in diesem Alter besonders angreifbar und kränkbar. Im Sport wird der Körper ausgestellt und seine Möglichkeiten und Grenzen ausgelotet und überprüft. Heute, wo gerade das Aussehen eine so große Wichtigkeit hat, das Selbstbewusstsein so wesentlich davon abhängt, wie man beurteilt wird, ist dort Sensibilität besonders gefragt. Etwa die Hälfte der pubertierenden Mädchen findet sich hässlich und zu dick. Kein Wunder, wenn ihnen Tag für Tag in Sendungen wie „Germany's next Topmodell", in Illustrierten, der Werbung, im Internet Makellosigkeit vorgeführt wird.

Viele Kinder und Jugendlichen, und das betrifft vor allem die Mädchen, fürchten sich vor den Sportstunden, weil sie nicht die geforderte Leistung erbringen, weil sie dadurch die Achtung der anderen verlieren und womöglich deshalb ausgelacht werden. Sie fühlen sich blossgestellt und missachtet. Die Leistungen im Sport werden in der Regel von Gleichaltrigen höher bewertet als beispielsweise gute Deutschkenntnisse.

Die Machtverhältnisse in der Schule sind asymmetrisch, das heißt, die Lehrenden haben die Macht und die Schüler und Schülerinnen stehen in einem Abhängigkeitsverhältnis zu ihnen. Werden mit beschämenden Maßnahmen Schüler und Schülerinnen zu einem angepassten Verhalten gezwungen, wird die Stellung des Lehrers, der Lehrerin zu einem Machtinstrument, dem die Kinder und Jugendlichen ausgeliefert sind. Erfahren Kinder Demütigungen, werden sie nicht selten ebenfalls dazu neigen, andere zu demütigen, wenn sich die Gelegenheit ergibt.

Die Aussonderung der „Sonderschulen"
Auf dem Gelände einer süddeutschen Großstadt gibt es drei Schultypen in unmittelbarer Nachbarschaft: eine Gesamtschule („die Normalen"), eine Schule für lernbehinderte und verhaltensauffällige Schüler („die Doofen") und eine Schule für sogenannte geistig Behinderte („die Behindis") (die Bezeichnungen in Klammern stammen von Schülerseite).

Die Schulhöfe sind getrennt, der Unterricht sowieso, sie können weder miteinander noch an- oder voneinander lernen. Kein Wunder, dass sich so Vorurteile bilden und verfestigen. Wenn bei einem Kind vermutet wird, dass ein anderer Schultyp angemessener wäre, zum Beispiel, weil es in einer großen Klasse überfordert ist, ist es fast unmöglich, auf demselben Gelände die Schule zu wechseln, so sehr fühlt sich das Kind dadurch diskriminiert. Wie fühlen sich dann wohl erst die Schüler der besagten „Sonderschulen"?

Schauen wir uns mal die UN- Behindertenrechtskonvention dazu an:

In der Präambel wird gesprochen von „enhanced sense of belonging", also einem ausgeprägten Gefühl der Zugehörigkeit, und in Art. 24 von „full development of human potential and sense of dignity and self-worth" – also ein Gefühl der Würde und des Selbstwert wird dem behinderten Menschen ebenso zugesprochen wie jedem anderen auch. In Artikel 8: „Bewusstseinsbildung", geht es nun darum, was dazu getan werden muss:

(1) Die Vertragsstaaten verpflichten sich, sofortige, wirksame und geeignete Maßnahmen zu ergreifen, um in der gesamten Gesellschaft, einschließlich auf der Ebene der Familien, das Bewusstsein für Menschen mit Behinderungen zu schärfen und die Achtung ihrer Rechte und ihrer Würde zu fördern.

Was ist demnach Inklusion?
Eine Haltung und Grundorientierung, die besagt, dass Ausgrenzungen und Benachteiligungen, Beschämungen und Entwürdigungen vermieden werden und dazu beigetragen wird, dass alle Menschen aktiv am gesellschaftlichen Leben teilhaben können. Inklusion ist „ein niemals endender Prozess", bei dem Kinder und Erwachsene mit Behinderung die Chance bekommen, in vollem Umfang an allen Gemeinschaftsaktivitäten teilzunehmen, die auch nicht behinderten Menschen offen stehen.

UNESCO – beim UNO-Komitee Kinderrechte – 6. Oktober 1997 – Zentrum der Menschenrechte, Genf.

Hinzuzufügen wäre hier, dass bei der Betrachtung der Inklusion gemeinhin vorrangig an Kinder mit körperlichen und geistigen Handicaps gedacht wird.

Was aber ist mit den Schülerinnen und Schüler, die eine sogenannte seelische Behinderung haben? Kinder, die aus dem Rahmen fallen, weil sie den Unterricht stören dadurch, dass sie nicht stillsitzen können, die, weil sie hochsensibel sind, den Lärm in der Klasse nicht aushalten? Was ist mit denen, die ihre Impulse nicht steuern können, die Grenzverletzungen mit Aggression beantworten? Was mit denen, deren Konzentration nicht 45 min lang anhält? Den leicht Ablenkbaren, den Ängstlichen, den Traumatisierten? Denen, die die Sprache des Lehrers nicht verstehen? Mit denen, die Probleme machen, weil sie Probleme haben?

Da geht nämlich die Aussonderung besonders schnell. „Schwierige" Schüler in eine Sonderschule zu schicken ist außer in Deutschland nur in wenigen anderen Ländern möglich. Dabei ist der Zusammenhang von Armut und Bildungsarmut noch gar nicht berücksichtigt. Schnell wird dann aus einem Kind aus bildungsfernem Milieu ein lernbehindertes Kind, alleine, weil es nicht die Förderung erhalten hat, die es brauchte.

▶ Sonderschule ist ein Stigma und verhindert die Entwicklung eines positiven Selbstkonzeptes.

Und solange es zwei „Inklusionskinder" in der „Normalklasse" gibt und es nicht selbstverständlich ist, dass alle Kinder innerhalb eines Klassenverbandes individuell gefördert werden, bleibt die Behinderung ein Stigma und gibt Anlass zur Beschämung. Für das jeweilige Kind ebenso wie für dessen Eltern.

Eine sinnvolle Lösung dafür zu finden, die unterschiedlichen Bedürfnisse des einzelnen in einer Gemeinschaft zu befriedigten, in einer „Schule für Alle", ist sicher nicht einfach, es gibt aber die dringende Notwendigkeit an Lösungen zu arbeiten. Aussonderung ist keine. Das gilt auch für die Integration von Kindern, die aus anderen Ländern zu uns gekommen sind. Die Diskriminierung Andersdenkender löst sich dann auf, wenn Raum dafür geschaffen wird, den anderen wirklich kennenzulernen und nicht in Kategorien: „wir und die anderen" zu verbleiben.

Es gibt ein schönes dänisches Werbevideo (All, that we share): Da werden Menschen verschiedener Hautfarbe, verschiedener Konfessionen, verschiedener politischer Richtungen, unterschiedlicher sexueller Orientierung, mit unterschiedlichem sozialen Status, Junge und Alte gezeigt. Sie werden nach gängigen Mustern der Zugehörigkeit durch Markierungen auf dem Boden in Gruppen aufgeteilt. Der Moderator stellt dann Fragen zu ganz persönlichen Themen, zum Beispiel: wer von Ihnen fühlt sich manchmal einsam? Wer war früher der Klassenclown?, Wer wurde früher gemobbt?, Wer hat früher gemobbt?

Wer glaubt an Gott? Wer ist bisexuell?... Wer die jeweiligen Fragen mit ja beantworten kann, kommt in die Mitte. So treffen sich mal mehr, mal weniger Menschen in einem gemeinsamen Kreis: die alte Dame steht dann neben dem kahlgeschorenen Muskelmann, der Herr in Anzug und Krawatte neben dem Punk. Die Frau mit Kopftuch neben dem Alteingesessenen und dem jungen Afrikaner. Und es wird deutlich: uns verbindet mehr, als wir dachten, wir können es nur nicht immer sehen, weil uns die Vorurteile nicht erlauben, den anderen kennen zu lernen. Das Video rührt Millionen von Menschen an, weil sie sich mit ihren ganzen Vorurteilen ertappt fühlen. Wenn es gelänge, ein solches Empfinden in der Klasse hervorzurufen, weil man mehr über Gemeinsamkeiten spricht als über das Trennende, könnten Barrieren abgebaut werden.

Im Kindergarten sind die Kinder vorurteilsfrei. Da fragt ein Erwachsener eine Vierjährige: Gibt es bei euch im Kindergarten auch so viele Ausländer? Das Kind antwortet: „Nein, da sind nur Kinder".

Sehen wir nun mal ab von der ganzen Pädagogik und fragwürdigen Therapieverfahren und schauen wir uns nur mal den Umgang von Erwachsenen mit Kindern an, wie er uns in den Medien in seinen Auswüchsen gezeigt wird.

Der ganz alltägliche Missbrauch

Auf YouTube gibt es ca. 35.000 Videos von Kindern, die auf die eine oder andere Weise vorgeführt, beschämt, herabgewürdigt werden. (Alle Formen sexuellen Missbrauchs an Kindern will ich hier gar nicht erst thematisieren.)

Extreme, wie die „Scharfe-Soßen-Mutter", die per Videokamera aufnimmt, wie sie ihren siebenjährigen Sohn bestraft, indem sie ihm Tabasco-Soße in den Mund schüttet und ihm kalte Duschen verabreicht, rufen wohl mehrheitlich Entsetzen hervor und wird definitiv als Kindesmisshandlung gewertet (und hatte in diesem Falle wohl glücklicherweise eine polizeiliche Ermittlung zur Folge). Aber wie steht es denn mit weitaus „harmloseren" Fällen?

Bis zu solchen Extremfällen muss man ja gar nicht gehen. Es reicht ja – wenn man es aushält – nur mal Videos wie die folgenden anzuschauen:

in Amerika nennt man es „public shaming". Der Komiker Jimmy Kimmel fordert in seiner TV- Show Eltern auf, ihre Kinder zu täuschen, sie zu belügen und sie dabei zu filmen. In einem Video sieht man wie ein Vater seinem Kind erzählt, er habe alle Halloween -Süßigkeiten des Kindes aufgegessen und verfolgt die fassungslose, enttäuschte Reaktion des weinenden Kindes darüber. Das Video bekommt 1.400.000 Klicks. Die ganz überwiegenden Reaktionen darauf sind positiv (Lacher). Kimmel ruft Eltern dazu auf, ihren Kindern zu Weihnachten Müll zu schenken und ihre Enttäuschung zu filmen. Das wird auch immer gern gesehen, rund 52.000.000 Mal!

Von dieser Art gibt es eine ganze Menge. An die 100 Mio. Zuschauer haben schon über die derart bloßgestellten Kinder anderer Leute gelacht.

Ein beliebtes Thema, bei dem gerne gefilmt wird: Kinder, die ausrasten, weil sie beim Computerspiel verlieren, bekommen Millionen von Aufrufen. Tausende Filme, die Kinder bei Ungeschicklichkeiten, bei Missgeschicken zeigen, Aufnahmen von Kindern, die von Erwachsenen reingelegt werden, in denen Kinder

© Der/die Herausgeber bzw. der/die Autor(en), exklusiv lizenziert durch Springer Fachmedien Wiesbaden GmbH, ein Teil von Springer Nature 2020
G. Pohl, *Die Würde des Kindes ist antastbar,* essentials,
https://doi.org/10.1007/978-3-658-29546-2_8

der Lächerlichkeit preisgegeben werden, werden tausendfach ins Netz gestellt. Kinder werden an den virtuellen Pranger gestellt. Das anzuschauen amüsiert erwachsene Menschen! Schadenfreude ist die schönste Freude?

The Ellen Show präsentiert Fotos von Kindern in Situationen, in denen sie irgendetwas anstellen, das den Eltern nicht behagt. Eltern schicken diese Fotos zu Ellen, die diese „humorvoll" kommentiert: Why I don't have kids.

Eine Werbesendung zeigt ein Kind, das schreit, weil es etwas haben möchte. Die Sendung empfiehlt: Use condoms!

Wenn Kinder solche Dinge zu sehen bekommen, obwohl es sie nur indirekt betrifft, werden sie sich fragen, was ist Kindsein eigentlich wert? Ist Kindsein an sich schon ein Zustand, für den man sich schämen sollte? Was werden die Kinder über sich denken, deren Mütter öffentlich verlauten lassen, wie sehr sie die Mutterschaft bedauern „Es ist der Albtraum meines Lebens!"? (Regrettingmotherhood oder „Die Mutterglücklüge").

Was macht wohl ein schüchterner Jugendlicher, dessen Eltern eine vor Jahren als harmlos und süß empfundene Situation in einem Video festhalten und bei YouTube veröffentlichen. Ein Video, das ihn als Kind in einer speziellen Situation vorführt? Seine Mitschüler haben das irgendwann entdeckt und freuen sich jetzt diebisch, überall herum zu schicken, wie der kleine Leon sein vollgemachtes Töpfchen herumzeigt. Dem großen Leon wird das Lachen vergehen.

Manche Eltern halten es auch für ein adäquates Mittel der Erziehung, wenn sie ihre Kinder in einer Extremsituation aufnehmen, zum Beispiel bei einem Wutanfall des Kindes, um es ihm später zu zeigen, in der Hoffnung, dass die Beschämung des Kindes bewirkt, dass es dadurch sein Verhalten ändern wird. Ich unterstelle diesen Menschen keineswegs sadistische Tendenzen, sondern nur Gedankenlosigkeit. Dass ein solches Verhalten opportun ist, wird genährt durch die Medien, die es für ein probates Mittel halten, Zuschauer damit zu unterhalten, dass sie Menschen in peinliche Situationen bringen, ihnen ihr Unvermögen vor Augen führen und sie der Lächerlichkeit preisgeben. Das Ausmaß ist in den sogenannten Realityshows anzuschauen.

Auch Erwachsenen wird dergleichen von Erwachsenen angetan, der Unterschied ist, dass Kinder den Erwachsenen ausgeliefert sind und daher kein Mittel haben, sich gegen derartige Demütigungen wehren zu können.

Die Hilflosigkeit der Eltern 9

Es ist richtig, dass die meisten Kinder ihre Eltern als liebevoll bezeichnen. Einer Umfrage des LBS-Kinderbarometers 2018 zufolge sind das 70 % aller Kinder. Ja, Eltern möchten liebevoll sein und sind es auch meist. Aber was versucht man nicht alles, wenn man selbst erschöpft ist und einem nichts gelingen mag. Schon gar nicht in der Erziehung? Dann greift man zu den Strohhalmen, die einen die Experten hinhalten. Außerdem sind Eltern nicht die einzigen, die Einfluss auf die Entwicklung der Kinder nehmen, da kann ein sarkastischer Onkel, eine gemeine Nachbarin oder eine Frau Mahlzahn als Lehrerin genug Schaden anrichten. (Aber die, die dem Kind am nächsten stehen, sind auch die, die den Schaden ausgleichen können. Darauf kommen wir später noch zu sprechen.)

Und was macht das mit den Kindern? Wer beschämt wird, findet nicht die Beschämer doof, sondern vor allem sich selbst. Wer immer klein gehalten wird, hält sich selbst für unwert und schreibt das Unvermögen sich selbst zu. Erst im Erwachsenenalter kann das reflektiert und eingeordnet werden. Aber selbst dann haften die Beschämungen oft so fest am Beschämten, dass es schwer ist, ein positives Selbstbild herzustellen. Im Zweifelsfall wird er – selbst wenn jemand nur gutmütig über ihn lacht – angetriggert, reagiert mit übermäßigem Beschämtsein und fühlt sich wieder klein und ausgeliefert.

Vielleicht kann man diese Zustandsbilder für pessimistisch halten, für übertrieben, für absolute Ausnahmen, die mit der Wirklichkeit der meisten Menschen nichts zu tun haben. Möglich, ja, wahrscheinlich sogar. Es bildet nicht die allgemein gelebte Realität der heutigen Kinder in der Familie ab. Aber es zeigt eine Tendenz auf, die bedenklich ist und die deshalb ins Bewusstsein gerückt gehört. Oft wird unterschätzt, wie kränkbar Kinder sind. Bei manchen reicht eine einmalige Situation, bei der ein Kind vor der Klasse beschämt wurde und es verstummt für lange Zeit.

© Der/die Herausgeber bzw. der/die Autor(en), exklusiv lizenziert durch
Springer Fachmedien Wiesbaden GmbH, ein Teil von Springer Nature 2020
G. Pohl, *Die Würde des Kindes ist antastbar,* essentials,
https://doi.org/10.1007/978-3-658-29546-2_9

Beschämung gibt es grundsätzlich durch Ausgrenzung (Du spielst nicht mit!
Du bist zu lahm, siehe Beispiel Sportstunde), durch Beschädigung der Integrität
des anderen (dazu bist du zu dumm, Beispiel des Schülers an der Tafel), dadurch,
dass Anerkennung verweigert wird (wärst du mal nicht so faul gewesen! Die
anderen haben es ja auch geschafft!) und dadurch, dass ihm der Schutz verweigert
wird. (siehe das Beispiel des Vaters in der Warteschlange).

Um sich ein positives Selbstbild zu erhalten (Ich bin doch wer!), muss die
Scham abgewehrt werden, indem andere Menschen klein gehalten und verachtet
werden. Eine Studie zum Rechtsextremismus (Funke 2001) berichtet von „trau-
matischen Entwertungserfahrungen in den Biographien rechtsextremistischer
Gewalttäter" durch jahrelange Kränkungen und Misshandlungen. Sehr lesens-
wert in diesem Zusammenhang ist auch das Buch: „Erziehung prägt Gesinnung"
(Renz-Polster 2019).

Oft ziehen sich die Gedemütigten einfach aus sozialen Zusammenhängen
zurück, verharren in Schweigen und geben möglichst wenig von sich preis, weil
sie bei sich wenig Liebenswertes mehr entdecken können. Wer sich nicht selbst
wertschätzt, kann das Positive beim anderen kaum sehen. Die Verachtung, die
man für sich selbst empfindet, wird auf andere projiziert. Was im Extremfall als
Reaktion zur Schamabwehr bleibt, sind Arroganz, Größenphantasien, Verachtung
von anderen und erzeugt dissoziales Verhalten. (K. Gebauer 2009. Mobbing in
der Schule: Weinheim).

„Hast du dein Kind heute schon gelobt?"

Das war ein Slogan der Bild-Zeitung, der jahrelang an den Heckscheiben vieler
Autos klebte. Ist es damit getan? Loben statt beschämen? Loben statt bestrafen?
Oder tappt man da gerade in die nächste Erziehungsfalle? Dass Lob heute infla-
tionär eingesetzt wird, kann man vielerorts erleben: „Das hast du gaaanz, gaaanz
toll gemacht!" schallt es auf dem Spielplatz bei jedem Sandtörtchen oder weil es
das Kind zum xten Mal die Rutsche runter geschafft hat (und danach wird sofort
wieder aufs Handy geschaut). Was macht das überhaupt mit den Kindern? Sollen
sich alle für kleine Wunderkinder halten? Und wenn sie mit der „kalten Wirklichkeit" konfrontiert werden und entdecken müssen, dass doch nicht alles gaaanz, gaaanz toll ist, was sie machen? Glauben Kinder das überhaupt? Vermutlich
können sie sehr wohl unterscheiden zwischen dem echten Interesse, der echten
Freude des Erwachsenen und den Floskeln, die sie dauernd hören. Nach dem
zehnten Kritzelbild, das der Mutter überreicht und überschwänglich gelobt wird,
glaubt keines mehr an sein großes Können und schon gar nicht, dass es die Mutter überhaupt interessiert, was es da tut.

Sind Lob und Tadel nicht ebenfalls Instrumente Kinder, um zu konditionieren? Wenn Kinder dauernd bewertet werden, werden sie abhängig von der Einschätzung der Erwachsenen. Dabei wünscht man ihnen doch, aus eigener (intrinsischer) Motivation heraus zu handeln und nicht, weil sie gefallen wollen. Zudem schwächt es die Motivation auf Dauer ohnehin, wenn die Kinder angewiesen sind auf die Bewertung von außen.

Wenn Belohnungsprogramme, die in der Schule eingesetzt werden, daran gemessen werden, ob es ihnen gelingt, langfristige Verhaltensänderungen herbeizuführen, ist der Befund erschreckend schlecht. In einer Studie von 1976 (Quelle: Die Zeit, 31.3.2017) wird gezeigt, dass die Motivation von Kindern, die für Mathespiele belohnt wurden, nach dem Wegfall der Belohnungen seltener spielten als die Kontrollgruppe, die nicht belohnt worden war.

Ja, schon bei Säuglingen kann man beobachten, dass deren Interesse nachlässt, wenn der Erwachsene sich einmischt bei deren Welterkundung. Kinder müssen nicht bewertet werden, auch nicht im positiven Sinne. Sie tun die Dinge aus sich heraus, weil sie lernbegierig sind, weil sie Dinge ausprobieren wollen, weil sie kreativ sind, weil sie von Natur aus hilfsbereit sind, gerne etwas für den Erwachsenen tun oder weil es einfach Selbstverständlichkeiten sind, die in der Familie getan werden oder im Klassenzimmer.

Was sie allerdings brauchen, ist das lebendige Interesse an dem, was sie tun, echtes Interesse, ohne Heuchelei und ohne pädagogischen Impetus. Und selbstverständlich gehört dazu, dass man sich ehrlich freuen kann bei den vielen Gelegenheiten, bei denen die Kinder über sich selbst hinauswachsen. Nur – ein Erziehungsmittel ist es nicht, weder zu Hause noch in der Schule noch anderswo.

Was ist Würde?

„Unsere Würde zu entdecken, also das zutiefst Menschliche in uns, ist die zentrale Aufgabe im 21. Jahrhundert." Gerald Hüther in „Würde", München, 2018.

Auf welchem Menschenbild, das wir bewusst oder unbewusst in uns tragen, fußt denn unser Verhalten?

Die Idee der allgemeinen Menschenwürde besagt, dass der Mensch unabhängig von sozialem Rang, unabhängig von seinen Stärken und Schwächen einen ideelen Wert besitzt. Die Menschenwürde wird verletzt, wenn der konkrete Mensch zum Objekt herabgewürdigt wird. Menschenwürde wird sowohl als Wesensmerkmal als auch als Gestaltungsauftrag verstanden. Als Wesensmerkmal ist die Würde also nichts, was man sich erwerben muss oder verliehen bekommt.

Wie gelangen wir zu dieser Auffassung?

Wie kommt es, dass wir eine würdevolle Behandlung für ein Menschenrecht halten?

Die Idee ist ohne metaphysische und religiöse Wurzeln nicht zu greifen.

Das Christentum spricht vom Menschen als dem Ebenbild Gottes. Somit ist die Würde gottgegeben, weil er gottgleich ist und jedem Menschen unabhängig von jedweden unterschiedlichen Merkmalen eigen. Paulus schreibt: „Es gibt nicht mehr Juden und Griechen, nicht Sklaven und Freie, nicht Mann und Frau, denn ihr Alle seid einer in Christus Jesus." Der Renaissancephilosoph Mirandola betont in diesem Zusammenhang die Freiheit des Menschen. Seine Selbstbestimmung mache seine Würde aus. Diese Begrifflichkeiten haben sich weitgehend so erhalten. An dieser Stelle möchte ich den Philosophen Robert Spaemann zitieren, weil seine Betrachtungen für das Verständnis der Würde des Kindes entscheidend sind:

© Der/die Herausgeber bzw. der/die Autor(en), exklusiv lizenziert durch
Springer Fachmedien Wiesbaden GmbH, ein Teil von Springer Nature 2020
G. Pohl, *Die Würde des Kindes ist antastbar,* essentials,
https://doi.org/10.1007/978-3-658-29546-2_10

„Der Mensch ist, so lange er lebt, von der Art, dass wir ihm die Zustimmung zum Guten zumuten können und müssen. Diese Zustimmung kann aber nur in Freiheit geschehen. Und sowohl die Zumutung der Zustimmung als auch die Gewährung jenes Freiraumes, in dem allein sie vollzogen werden kann, sind die fundamentalen Akte der Achtung der Menschenwürde."

und weiter:

„Das, was wir „Ich" nennen, beginnt nicht irgendwann in einem datierbaren Augenblick der menschlichen Biographie. Es erhebt sich in einer kontinuierlichen Entwicklung aus der organischen Natur des Menschen....Wo wir es deshalb mit einem Wesen, das vom Menschen abstammt, zu tun haben, da müssen wir ihm die Anlage zum Ich, zur Freiheit als Würde achten."
(Spaemann, Über den Begriff der Menschenwürde, zitiert in: Texte zur Menschenwürde, Reclam S. 235-236).

Wir sind also von Anfang an mit Würde ausgestattet, haben aber auch einen Gestaltungsauftrag, uns unseres Menschseins würdig zu erweisen. Das eine ist ohne das andere nicht denkbar. Wird ein Mensch gravierend in seiner Menschenwürde verletzt, wird ihm seine Entwicklung zum Guten erschwert.

Gibt es eine Menschenwürdegarantie? Das Bundesverfassungsgericht definiert „das Dasein um seiner selbst willen". Darin sind die Stellung und Anerkennung als eigenes Subjekt, die Freiheit zur eigenen Entfaltung, der Ausschluss von Erniedrigung und Instrumentalisierung nach Art einer Sache, über die einfach verfügt werden kann, eingeschlossen. (Böckenförde 1991).

Wir alle wissen, dass kaum etwas so sehr schmerzt und uns so sehr in unserem Selbstvertrauen erschüttert, wie wenn wir herabgewürdigt, beschämt, vorgeführt werden, wenn wir Verachtung erleben müssen, wenn wir belächelt, erniedrigt, missachtet werden.

Wenn man postuliert, dass Kinder Menschen sind, die sich in Entwicklung befinden, dann sind Kinderrechte Menschenrechte. Wenn die freie Entfaltung der Persönlichkeit ein Menschenrecht ist, haben wir Erwachsenen dafür zu sorgen, dass die Rahmenbedingungen dafür für die Kinder gegeben sind.

Dass das eine gewaltige Menschheitsaufgabe ist, angesichts der fatalen Situation der Kinder weltweit, die von Hunger, Armut, Krieg, Vernachlässigung bedroht sind, in katastrophalen Verhältnissen leben müssen, ist überdeutlich. In diesen Ausführungen werden die extremen Situationen, denen Kinder auch in der westlichen Welt ausgesetzt sind, nicht behandelt. Hier soll sich auf die ganz alltäglichen Missachtungen ihrer Würde beschränkt werden, in der Überzeugung, dass Menschen, die geachtet, respektiert und wertgeschätzt wurden in ihrer

Kindheit, mehr Verantwortungsgefühl gegenüber ihren Mitmenschen entwickeln können als die, denen das versagt wurde. Wenn es gelänge, der nachfolgenden Generation diese Achtsamkeit zukommen zu lassen und Wertschätzung zu vermitteln, könnte mit mehr Zuversicht in die Zukunft geschaut werden, denn dann bekäme die Würde des Menschen einen ganz anderen Stellenwert.

Dann käme nämlich die Scham zutage, die wichtig ist für die menschliche Entwicklung, die dann zum Tragen kommt, wenn das Selbstbild nicht in Übereinstimmung ist mit der Handlung. Der Mensch schämt sich vor sich selbst. Dann weißt seine Scham ihn auf seinen besseren Menschen hin, den er in mir trägt. Das ist die positive Scham, nicht von außen provoziert, sondern die innerlich gefühlt wird, aufgrund des eigenen Handelns. Dann wird Moralität sichtbar und schützt vor falschen Einschätzungen, falschen Entscheidungen, vor Egoismus, vor Feigheit, vor der Trägheit des Herzens.

Das Menschenbild, das für die Zukunft tragfähig wäre, wäre das eines Menschen, der sein Denken, Fühlen und Handeln in Übereinstimmung bringen kann. Eines Menschen, der seine ihm gegebenen und entwickelten Fähigkeiten voll entfalten kann, der selbstbestimmt handelt aus freien Entschlüssen und seine Moralität aus Einsicht gewinnt und nicht nach von außen gegebenen Vorschriften handelt aus Angst vor Strafe oder der Aussicht auf Belohnung.

Was tut not?

In dem Maße, indem sich ein Mensch durch den anderen anerkannt weiß, kann er seine eigene Identität ausbilden. Ohne Anerkennung verkümmert er. Diese Anerkennung ist auf drei Ebenen anzuschauen:

1. auf der rechtlichen Ebene: jeder Mensch ist dem anderen gleichgestellt, unabhängig von Leistung und Charakter
2. auf der sozialen Ebene: der Mensch wird in seinem So- sein wertgeschätzt mit seinen individuellen Ausprägungen und Leistungen
3. auf der emotionalen Ebene: der Mensch ist eingebunden in soziale Zusammenhänge wie Familie und Freundschaften und erhält dort emotionale Zuwendung.

Und was ist die Grundlage, auf dem alle Erziehung aufbaut? Das ist inzwischen Allgemeingut geworden, auch wenn deren Wichtigkeit immer wieder vergessen wird: es ist Beziehung, Bindung, Wärme, Anerkennung, Respekt vor der Individualität des anderen, vor Erwachsenen ebenso wie vor Kindern, gleichgültig ob es noch ein kleines Kind ist oder ein großes. Emotionale Verfügbarkeit des Erwachsenen für das Kind, Interesse am anderen, Präsens, echter Humor ohne Ironie und Sarkasmus sind weitere Schlüsselbegriffe für eine Haltung, die für eine gute Basis sorgt, damit sich ein Kind zu einem selbstbestimmten Menschen entwickeln kann, der sich seiner eigenen Würde bewusst ist. (Wie ein gedeihliches Familienleben ausschauen kann, dazu finden Sie Anregungen in: Pohl, Familie- Basislager für Gipfelstürmer, München 2018).

Erfährt das kleine Kind schon früh Grenzverletzungen, kann es sich kein angemessenes Selbstbild aufbauen. Das Kind ist auf Verlässlichkeit angewiesen. Werden dem Kind körperliche Nähe, Sicherheit, Geborgenheit verweigert, fühlt

© Der/die Herausgeber bzw. der/die Autor(en), exklusiv lizenziert durch Springer Fachmedien Wiesbaden GmbH, ein Teil von Springer Nature 2020
G. Pohl, *Die Würde des Kindes ist antastbar*, essentials, https://doi.org/10.1007/978-3-658-29546-2_11

es sich existentiell bedroht und ausgeliefert. Das kleine Kind muss das Gefühl haben, Dinge ausprobieren und seinen Willen durchsetzen zu können ohne, dass die erworbene Sicherheit des Vertrauenkönnens und Geborgenseins in Gefahr gerät. Erfährt es Gewalt, Zurückweisung und Beschämung, wird das Grundvertrauen erschüttert und das Selbstbild kann sich nur schlecht oder gar nicht positiv konstituieren.

Für seine gesunde Entwicklung muss das Kind Kohärenz entwickeln, was meint, die Welt als bedeutsam und sinnhaft, als „gut" zu erleben. Es bedeutet ebenfalls das Gefühl des Kindes, Einfluss auf die Welt nehmen zu können und die Welt – auf seine Weise – als verstehbar zu erleben. Durch Kohärenzerfahrungen entsteht die Fähigkeit, Probleme meistern zu können, Mut zu entwickeln und Lebenssicherheit zu erlangen. Damit sie sich dem Leben anvertrauen können und hoffnungsvoll ihren eigenen Weg gehen können, brauchen Kinder Erwachsene, die ihre Stärke sehen können und ihnen Unterstützung bei Herausforderungen gewähren.

Durch seine uneingeschränkte Bejahung der Welt und der bedingungslosen Liebe, die dem kleinen Kind eigen ist, sind diese Faktoren grundsätzlich beim Kind angelegt, können aber durch schlechte Bedingungen und falsche Erziehung erheblich gestört werden. Wird es aber in seinem Verlangen, Dinge auszuprobieren, nicht ständig vom Erwachsenen dirigiert, erlangt es Kompetenz; durch Lernen in Zusammenhängen entwickelt das Kind ein Gefühl von Kohärenz, es lernt, sich nicht nur auf den Erwachsenen zu verlassen, sondern selbstständig Lösungen zu finden. Es lernt zu unterscheiden, wann es sich Hilfe holen muss und wann nicht. Es erlangt jedoch keine ausreichende Kohärenz, wenn der Erwachsene ihm immer sagt, wie und was es zu tun hat. Wenn es in einem engen Regelwerk steckt, das der Erwachsene aufbaut, weil er dem Kind keine Selbstregulation zutraut und es zu wenig eigene Erfahrungen machen lässt, wird die Grundlage, auf dem es später stehen soll, ein recht wackeliger Unterbau.

Hat der Erwachsene selbst diese Grundlage nicht erhalten, wird es schwer für ihn, dem Kind in seiner Entwicklung mit Zuversicht, Vertrauen und positiver Unterstützung zu begegnen. Ist der Erwachsene selbst ein Beschämter und konnte somit kein positives Selbstbild aufbauen, kann er sich kaum auf seine Instinkte verlassen, auf vorgelebte Rollenmodelle, sondern muss sehr bewusst eigene entwickeln.

Voraussetzung ist, dass sich der/die Erwachsene mit seinem eigenen beschämten „inneren Kind" auseinandersetzt, nachfühlt, wie es ihm/ihr in beschämenden Situationen ging und was das an Emotionen ausgelöst hat. An welchen Situationen er/sie sich erinnert fühlt, wenn er/sie sich ertappt, in dieselben Verhaltensmuster zu verfallen, die er oder sie als Kind erlebt hat. Durch diese

Auseinandersetzung werden wir wacher in unserer Wahrnehmung, empathischer, verständnisvoller.

Lösen muss man sich also von allen den wohlmeinenden, aber ungebetenen Ratschlägen, Verbesserungsvorschlägen, dem Bemitleiden, (Mitfühlen dürfen wir wohl. Unbedingt!) Schimpfen und Beschämen, der Ironie und dem Sarkasmus. Stattdessen braucht es liebevolles Begleiten, Behutsames an die Hand nehmen, mit dem Kind die Welt entdecken, anstatt mit vorgefertigten Antworten aufzuwarten. Das Kind braucht Gelegenheiten, sich selbst regulieren zu lernen, streiten zu üben, Kompromisse zu schließen, Einsicht zu gewinnen aus freien Stücken, nicht weil der Erwachsene es dirigiert.

Vermeiden müssen wir öffentliche Situationen, um mit einem Kind „ein ernstes Wort" zu reden. Vor lauter Beschämung wird das Kind gar nicht in der Lage sein, zuzuhören. Unter vier Augen lässt sich manches viel besser bereden und das Kind wird nicht vorgeführt. Außerdem ist der Erwachsene dann emotional gelassener und kann schwierige Situationen sachlicher angehen.

> „Wie es in den Wald hineinschallt, so schallt es auch heraus."

Kinder brauchen positive Vorbilder

Das wichtigste, das wir an Erziehung bieten können, ist das gute Vorbild. Das Handeln prägt die Erziehung, nicht die Belehrung, die Bestrafung, das Lob und schon gar nicht die Konditionierung. Das gilt auch im moralischen Sinne. Erlebt das Kind am Mittagstisch, dass dauernd über andere Menschen gelästert wird, den doofen Nachbarn, die launische Chefin und die Lehrerin, die ja gar nichts auf die Reihe kriegt, hält das Kind Lästern für etwas Normales und Zulässiges.

Redet der Vater freundlich und liebevoll über die Mutter und behandelt die Mutter die Schwiegermutter respektvoll, lernt das Kind andere Menschen auch mit liebevollen Augen zu sehen und respektvoll zu behandeln. Kinder möchten zu Erwachsenen aufschauen, sie suchen das Vorbild, wollen Erwachsene bewundern für das, was sie können und für das, was sie sind.

Jeder kennt Aussprüche von Kindern voll Inbrunst und Ernst vorgetragen wie: „Mein Papa kann alles!" „Meine Lehrerin ist die allerbeste!" Die Frau Koch, unsere Erzieherin, hat uns alle gleich lieb! Sie wollen sein wie sie: „Ich werde später auch Lehrerin!" „Wenn ich groß bin, will ich auch so gut Fußball spielen wie Ronaldo!" Wie gut, wenn Kinder wirklich positive Vorbilder finden!

Wenn sich Kinder andere Vorbilder als die Eltern suchen, ist es tragisch zu sehen, was passiert, wenn diese Vorbilder immer wieder demontiert werden. Gut nachverfolgen kann man es an dem Beispiel von Greta Thumberg und der Initiative Fridays for Future.

Da gelingt es einem sehr jungen Mädchen durch ihren Ernst und ihr unermüd-
liches Engagement gegen die Zerstörung der Umwelt eine weltweite Initiative
ins Leben zu rufen. Tausende Schüler gehen auf die Strasse und zwingen Poli-
tiker zum Handeln. Statt dass wir uns zu Tode schämen, dass die junge Generation uns nicht zutraut, Probleme zu lösen, die wir selbst geschaffen haben und
die die nächste Generation ausbaden muss, davor, dass diese Schülerinnen und
Schüler nun die Dinge selbst in die Hand nehmen müssen, passiert leider folgendes. Sofort wird gefragt, wie es denn stünde mit diesen jungen Leuten, wie
konsequent sie denn selbst seien mit ihrer Art zu leben? Womöglich fliegen sie
auch noch in die Ferien? Und kaufen ihre Klamotten bei H&M? Zuzutrauen
wäre es ihnen. Ist ja auch ganz schön, ab und zu mal die Schule zu schwänzen,
nicht? Und Greta? Bläst sich ganz schön auf. Womöglich will die auch bloß Geld
machen, so wie die sich vermarktet.

Ja, die Medien sind da ganz groß drin, die Ideale junger Menschen und die,
die dafür stehen, zu demontieren. Von den sozialen Netzwerken will ich in diesem Zusammenhang lieber schweigen. Je größer das schlechte Gewissen werden
könnte, wenn der eine oder die andere sich mal der ganzen Sache widmen würde,
desto einfacher ist es mit dem Finger auf die zu zeigen, die das eigene Weltbild
ins Wanken bringen könnten. Umso mehr freue kann man sich freuen mich über
alle die, die sich in ihrem Engagement nicht beirren lassen. Dass sie die Welt
nicht alleine verändern können, mag ja sein. Aber dass eine neue Solidarität entsteht aus der gemeinsamen Verweigerung, alles beim Alten zu belassen und sich
in einem Anliegen, dass ihnen am Herzen liegt, zu vereinigen, ist ein hoffnungs-
volles Zeichen und alle, die sich mit ihnen solidarisieren: Teachers for future,
parents for future, leisten einen wertvollen Beitrag nicht zuletzt durch ihre Wertschätzung derer, die sich wochenlang auf Bäume hocken oder tagelange Zug-
fahrten auf sich nehmen um ein Zeichen zu setzen.

Der Umgang mit Schwächen

Anstatt Schüler im Unterricht zu beschämen, wenn sie etwas nicht wissen oder
können, zeugte eine pädagogische Haltung, die helfend, unterstützend, hinter-
fragend, ermutigend ist, von pädagogischem Takt einerseits, andererseits stellte es
die einzige Möglichkeit dar, Schülern wirklich weiter zu helfen und ihre Schwächen in Stärken zu verwandeln.

Insel statt Trainingsraum

Lehrende sind bestrebt und auch darauf angewiesen, dass sie unter für sie und
für die Klasse sinnvollen Bedingungen arbeiten können. Aber Lehrer und Lehrerinnen sind nicht nur Wissensvermittler- oder sollten es auf jeden Fall nicht

ausschließlich sein, sondern auch PädagogInnen, die sich um das Wohl ihrer Schüler und Schülerinnen zu kümmern haben. Sorgen sie sich in erster Linie um einen möglichst reibungslosen Ablauf des Unterrichts und sind wenig achtsam auf die Schülerinnen und Schüler, die ein Problem darstellen, weil sie eines HABEN, können sie nur mit Restriktionen reagieren auf Störungen des Unterrichtes.

Die Fragen, die sich stattdessen stellen müssten, wären:

- Wie können diese Kinder und Jugendlichen besser integriert werden, anstatt sie auszuschließen?
- Stelle ich mich mit meiner Art des Unterrichtens infrage und frage ich meine Schülerinnen und Schüler danach, was sie vielleicht an Verbesserungsvorschlägen haben?
- Was weiss ich über das Klassenklima und die Gruppendynamik in der Klasse?
- Wie kann ich im Unterricht mehr Unterstützung bekommen?
- Arbeite ich genügend und konstruktiv mit den Elternhäusern zusammen?
- Gibt es für meine Schülerinnen und Schüler Möglichkeiten mit vertrauenswürdigen Menschen über ihre Probleme zu sprechen, wenn ich das selbst nicht leisten kann? (beispielsweise institutionalisiert als Schulsozialarbeit)
- Bin ich mit meinen Schülerinnen und Schülern, meiner Klasse im Gespräch?
- Wie sieht die Beziehung zwischen mir und meinen Schülerinnen und Schülern aus?
- Kenne ich deren Probleme?
- Muss ich über neue Unterrichtsformen nachdenken?
- Muss ich mich an meiner Schule stark machen für Assistenzlehrkräfte? Klassengröße?
- Wie können vorhandene Personalressourcen besser eingesetzt werden?
- Wie kann ein Raum geschaffen, der zur Unterstützung für die Schülerinnen und Schüler da ist, nicht als Trainingsraum für gewünschtes Verhalten, sondern als Möglichkeit der Erholung und des Durchatmens?

Wie wäre es mit einer „Insel", statt mit einem Trainingsraum, einem Raum, der positiv konnotiert ist, den Schüler dann nutzen, wenn es ihnen in der Klasse zu laut ist, zu anstrengend, wenn sie selbst merken, dass sie eine Auszeit brauchen. Dort sollte ein Mensch sein, der mal einen Tee kocht, ein anderes Mal für ein Gespräch oder einen Trost zur Verfügung steht oder einen einfach mal ganz in Ruhe lässt. Wo man wütend sein darf oder traurig oder müde. Ein Raum, den man gerne aufsucht und der kein Strafraum ist. Zum alleine Arbeiten oder weil man dort mit Unterstützung einer anderen Person den Konflikt mit seinem besten Freund lösen kann.

Wie wird man denn dem einzelnen Schüler/der einzelnen Schülerin gerecht, die einen vor Probleme stellen?
LehrerInnen sollten von den Kindern und Jugendlichen, an denen sie scheitern, nicht nur deren individuellen Lebensumstände kennen, sondern auch ihre jeweilige Vorgeschichte.

Verhaltensauffällige Kinder re-inszenieren die immer gleichen, erfolglosen Konfliktbewältigungsmuster aus früheren Beziehungen. Deshalb brauchen sie starke, richtungsweisende Beziehungspartner. Sie brauchen positive, verlässliche Beziehungsangebote.

Die Neigung der Pädagogen und Pädagoginnen, stereotyp zu bestrafen, hat zur Folge, dass die sattsam gemachte Erfahrung des Schülers/der Schülerin sich wiederholt: Ich werde bestraft, weil ich störe und das Kind oder der Jugendliche empfindet: keiner will mich, also störe ich, damit ich wenigstens wahrgenommen werde, darauf folgt wieder eine Bestrafung usw. Daher ist eine Änderung der Interaktionsmuster nötig.

Durch ihr Verhalten versuchen die Kinder das Unaushaltbare, ihre Angst, ihre seelischen Zustände an die Pädagogen weiter zu geben in der Hoffnung, dass diese eine Antwort, eine Lösung finden. Das anti-soziale Verhalten ist somit ein Ausdruck von Hoffnung. Diese Kinder brauchen in besonderem Maße Verlässlichkeit, Vorhersehbarkeit, sie brauchen Rhythmus im Alltag, der ihnen Halt gibt, sie brauchen Annahme und Respekt und ebenso Erwachsene, die ihnen Vorbilder sind, die die eigenen Absichten und Einstellungen konsequent, vorhersagbar und verlässlich in Handlungen umzusetzen. Aggressives Verhalten braucht Verständnis UND Grenzziehung, Gelassenheit UND Eindeutigkeit, Zuwendung UND Klarheit. Die Pädagogen müssen Wärme und Geborgenheit gewähren, Gefühle verdeutlichen, bestärken, ermutigen, das Kind *halten und aushalten,* es akzeptieren und ihm ein Gefühl von Sicherheit vermitteln.

▶ **Wichtig**
   „Liebe mich, wenn ich es am wenigsten verdiene, denn dann brauche ich es am meisten!"
   schwedisches Sprichwort

Das Kind braucht eine helfende Beziehung, es braucht den taktvollen, zugewandten Menschen, dessen Verhalten ein Vorbild in respektvollem Umgang darstellt. Es braucht Fürsprecher und Menschen mit Zivilcourage, die sich im Bedarfsfalle vor das Kind stellen.

Ausschluss, Schulverweis oder andere Maßnahmen verstärken das oppositionelle Verhalten. Dabei dürfen die stillen Kinder nicht vernachlässigt werden. Möglicherweise steckt hinter der erlebten Angepasstheit eine stille Resignation, sie haben möglicherweise bereits die Hoffnung aufgegeben, dass ihre Not gesehen werden könnte. Und weil sie nicht stören, werden sie leicht übersehen.

Wenn mitmenschliches Handeln ein wesentliches Erziehungsziel darstellt, muss die pädagogische Institution, auch wenn es eine Schule ist, angesichts der Tatsache, dass frühere Beziehungserfahrungen ausreichende sozial-emotionale Entwicklung gehemmt haben – diesen Erziehungsauftrag annehmen, um den Kindern emotionale und soziale Entwicklung zu ermöglichen. Und das wird nur ohne Beschämung und Strafe eine nachhaltige Verbesserung herbeiführen, sowohl, was die Situation der Gruppe betrifft, als auch die Entwicklung des Einzelnen.

Klassenkonferenz kann auch anders aussehen

Anstatt Tribunale zu veranstalten, bei denen Kinder an den Pranger gestellt werden, haben Schulen andere Formen der gegenseitigen Wahrnehmung entwickelt, die sicherlich sowohl für das Klassenklima als auch für den einzelnen förderlicher sind.

Es gibt beispielsweise Schulen, bei denen es eine Regel ist, bei den monatlich oder wöchentlich stattfindenden Schüler-Lehrer-Konferenzen, eine Zeit einzurichten, in der Schüler und Schülerinnen ihren Mitschülern und Mitschülerinnen positive Rückmeldungen geben dürfen. Nicht im Sinne von Bewertungen oder Vergleichen, sondern hierbei geht es vor allem um die Wertschätzung und Annahme der anderen, um die Beziehung zu ihnen. Interessant ist, dass sich diese Regel nicht abnutzt, sondern immer gerne Gelegenheiten ergriffen werden, einzelnen Schülern und Schülerinnen vor der Schulgemeinschaft etwas Freundliches zu sagen. Die Schulen berichten durchweg, wie positiv sich diese Maßnahme auf die Atmosphäre der ganzen Schule auswirkt. Der Umgang miteinander ist großzügiger, die Kinder sind hilfsbereiter, es gibt weniger Streit, der in Aggression ausartet.

Familie

Wenn ein Kind sich geborgen fühlt, wird es nicht jedes Mal, wenn es „auf den Arm genommen" wird, seelisch zusammenbrechen. Allerdings ist der Grad schmal, auf dem man sich da bewegt, schnell kann die Situation kippen und das Kind fühlt sich doch beschämt. Das Kind ist immer das schwächste Glied in der Kette. Das gilt es nicht zu vergessen. Und nur weil es vielleicht als niedlich empfunden wird, wenn das Kind sich von oben bis unten vollkleckert oder andere Ungeschicklichkeiten passieren, heißt das nicht, dass es ihm sauer aufstoßen wird, wenn es sich einige Jahre später in solch misslichen Situationen wiedersieht im Netz.

Geschwisterkinder gegeneinander auszuspielen, sollte vermieden werden, ebenso Kinder miteinander zu vergleichen und zu bewerten. Jedes Kind hat sein ganz eigenes Entwicklungstempo, seinen eigenen Charakter, seine ganz individuelle Wahrnehmung seiner selbst und der Welt. Das eine ist feinfühlig, empfindlich und leicht kränkbar, das andere vielleicht selbstgenügsam, in sich gekehrt und ruht in sich, das nächste mag umtriebig, kreativ, laut und aktiv sein: wie sollte man da ein für alle gerechtes Maß finden? Wieviel Aufmerksamkeit braucht jeder und jede? Wieviel Nähe? Wieviel eigenen Raum? Wieviel Humor? Alles das gilt es zu erspüren. Alle aber brauchen Anerkennung ihres eigenen Wesens, ohne Herabsetzung.

„Du sollst dir kein Bildnis machen", sagt Max Frisch in seinen Tagebüchern. Er bezieht es auf die Liebe. Das sei das Wunderbare, dass die Liebe „uns in der Schwebe des Lebendigen hält, in der Bereitschaft, einem Menschen zu folgen in allen seinen möglichen Entfaltungen". Entfaltung ist insofern nur möglich in der Annahme des Anderen in seinem Sein. Entfaltung ist das, was Erziehung bewirken kann und soll. Die Voraussetzungen dazu wurden benannt.

Schlussbetrachtung 12

Wir alle sind ja nicht davor gefeit, andere Menschen zu beschämen, sei es aus Gedankenlosigkeit, sei es aus Überforderung, sei es, dass wir selbst Opfer von Beschämung geworden sind und, ohne Aufarbeitung unserer Vergangenheit, in dieselben Verhaltensmuster verfallen wie die, deren Opfer wir geworden sind.

Insbesondere aber, wenn wir es mit Kindern zu tun haben, heißt es wachsam zu sein, denn diese sind uns nun mal wehrlos ausgeliefert und ihr Selbstwertgefühl hängt untrennbar mit den Menschen zusammen, die sie lieben und die Einfluss auf sie nehmen.

Wenn Menschenwürde nicht wieder in den Vordergrund rückt, angesichts der Betreuungssituation alter Menschen, den Versuchungen des Internets, der Betreuungssituation kleiner und kleinster Kinder, der Situation armer Menschen und der von Geflüchteten, angesichts der Vernachlässigung ethischer Fragen in Bezug auf pränatale Diagnostik, der Reproduktionsmedizin, auf die Entwicklung künstlicher Intelligenzen, angesichts der besorgniserregenden rechtsradikalen Tendenz in der Gesellschaft, müssen wir uns wieder besinnen:

Auf die menschliche Freiheit, die darin liegt, uns zwischen Böse und Gut zu entscheiden, die Dinge durchdenken zu können und moralische Kriterien für unsere Entscheidungen zu entwickeln: Wie wollen wir Menschen sein, welche Entwicklungsmöglichkeiten wollen wir den Kindern geben, wie wollen wir, dass die Welt nach uns aussieht? Ohne dabei die Würde des Menschen in den Blick zu nehmen, wird uns das nicht gelingen.

„Konstitutiv für die Menschenwürde des Menschen ist die Freiheit, mit der er als einziges Geschöpf von Gott ausgestattet worden ist, so dass der Mensch sein kann, was er will. Als der „höchste Baumeister" am Ende der Schöpfung beschloss, ein Wesen zu erschaffen, das imstande war, über sein Werk nachzudenken, seine Schönheit zu

© Der/die Herausgeber bzw. der/die Autor(en), exklusiv lizenziert durch Springer Fachmedien Wiesbaden GmbH, ein Teil von Springer Nature 2020
G. Pohl, *Die Würde des Kindes ist antastbar*, essentials, https://doi.org/10.1007/978-3-658-29546-2_12

lieben und seine Größe zu bewundern, waren bereits alle Gaben verteilt und alle Plätze in der Welt vergeben. Da gab Gott dem Menschen als Gemeinbesitz, was den anderen Kreaturen Eigenbesitz war und stellte ihn in völliger Freiheit in die Mitte der Welt." Pico della Mirandola, De hominis dignitate, Rede über die Menschenwürde, im Jahr 1496.

Kindheit ist schützenswert. Kindheit ist verletzlich. Das Kind ist auf den Erwachsenen angewiesen, der es so gut wie möglich begleiten darf auf seinem Entwicklungsweg. Dafür braucht es einen behutsamen Umgang mit der zarten Seele des Kindes. Beschädigte Seelen heilen nur schwer.

Was sie aus diesem *essential* mitnehmen können

- Inwieweit Beschämung, Herabwürdigung und jegliche psychische Gewalt eine Verletzung der Integrität des Kindes darstellt und seine gesunde Entwicklung verhindert.
- Was man von jeher unter Menschenwürde verstand.
- Bereiche des privaten und des öffentlichen Lebens, die die Rechte der Kinder auf psychische Unversehrtheit verletzen.
- Die Bedingungen, die erfüllt sein müssen, damit die Würde des Kindes bewahrt bleibt
- Wie der Umgang mit Kindern und Jugendlichen in der Familie und in den Institutionen aussehen kann, der ohne Beschämung auskommt.

© Der/die Herausgeber bzw. der/die Autor(en), exklusiv lizenziert durch Springer Fachmedien Wiesbaden GmbH, ein Teil von Springer Nature 2020
G. Pohl, *Die Würde des Kindes ist antastbar,* essentials,
https://doi.org/10.1007/978-3-658-29546-2

Literatur

Böckenförde, E-W. (1991). Bleibt die Menschenwürde unantastbar? In: E.-W. Böckenförde. (2006) *Recht, Staat, Freiheit* (S. 407–419). Frankfurt: Suhrkamp.

Gebauer, K. (2009). *Mobbing in der Schule*. Weinheim: Beltz.

Hüther, G. (2018). *Würde. Was uns stark macht- als Einzelne und als Gesellschaft*. München: Knaus.

Kindler, W. (2008). *Schnelles Eingreifen bei Mobbing*. Mühlheim a. d. Ruhr: Verlag an der Ruhr.

Mirandola, Giovanni Pico della (1990). *Über die Würde des Menschen* (S. 18). Hamburg: Meiner Verlag.

Pohl, G. (2017). *Familie, Basislager für Gipfelstürmer*. München: Oberstebrink.

Renz-Polster, H. (2019). *Erziehung prägt Gesinnung*. München: Kösel.

Spaemann, R. (2011). Über den Begriff der Menschenwürde, zitiert in: *Texte zur Menschenwürde* (S. 235–236). Stuttgart: Reclam.

Weiterführende Literatur

Hacke, A. (2017). *Über den Anstand in schwierigen Zeiten und die Frage, wie wir miteinander umgehen*. München: Kunstmann.

Schiller, F. (2016). *Über Anmut und Würde*. München: Holzinger.

© Der/die Herausgeber bzw. der/die Autor(en), exklusiv lizenziert durch Springer Fachmedien Wiesbaden GmbH, ein Teil von Springer Nature 2020
G. Pohl, *Die Würde des Kindes ist antastbar,* essentials,
https://doi.org/10.1007/978-3-658-29546-2

Printed in the United States
By Bookmasters